高校思想政治教育案例分析教程

吴 凯　陈国辉◎编著

GAOXIAO SIXIANG ZHENGZHI JIAOYU
ANLI FENXI JIAOCHENG

中国财经出版传媒集团
经济科学出版社
Economic Science Press
·北京·

图书在版编目（CIP）数据

高校思想政治教育案例分析教程／吴凯，陈国辉编著．－－北京：经济科学出版社，2024.8.
ISBN 978－7－5218－6308－6
Ⅰ．G641
中国国家版本馆 CIP 数据核字第 20241VM607 号

责任编辑：朱明静
责任校对：蒋子明
责任印制：邱　天

高校思想政治教育案例分析教程
吴　凯　陈国辉　编著
经济科学出版社出版、发行　新华书店经销
社址：北京市海淀区阜成路甲 28 号　邮编：100142
编辑部电话：010－88190489　发行部电话：010－88191522
网址：www.esp.com.cn
电子邮箱：esp@esp.com.cn
天猫网店：经济科学出版社旗舰店
网址：http：//jjkxcbs.tmall.com
固安华明印业有限公司印装
710×1000　16 开　13 印张　200000 字
2024 年 8 月第 1 版　2024 年 8 月第 1 次印刷
ISBN 978－7－5218－6308－6　定价：68.00 元
(图书出现印装问题，本社负责调换。电话：010－88191545)
(版权所有　侵权必究　打击盗版　举报热线：010－88191661
QQ：2242791300　营销中心电话：010－88191537
电子邮箱：dbts@esp.com.cn)

前　　言

我们身处一个充满变革和挑战的时代。面对日趋多样化的社会现象和复杂多变的国际形势，思想政治教育的重要性越发凸显。思想政治教育不仅是传播思想、传递知识、塑造价值的过程，更是人们认识真理、掌握真理、信仰真理、捍卫真理的过程。为了帮助广大读者更好地理解和应用思想政治教育理论，我们特此推出《高校思想政治教育案例分析教程》。

本书以案例分析为核心，通过丰富的案例和深入的解析，探讨了案例中蕴含的思想政治教育原理与方法，并尝试给出可行的对策建议。我们希望这本书能够提供一个全面、深入的视角，让读者更好地理解思想政治教育的内涵与外延。

本书遵循科学性。我们在编写过程中遵循了科学研究的规范和方法论原则，确保了内容的客观性、准确性和可信度。本书具有时代性。我们尽可能选取具有代表性、反映时代特征的案例，涵盖了当前经济、政治、文化、社会等多个领域的发展变化，通过案例分析，读者可以更直观地感受到思想政治教育的现实意义和时代价值。本书注重多元性。我们尽可能涵盖不同学科、不同专业、不同领域的思想政治教育案例，以展现思想政治教育的多样性和包容性，通过对比分析不同案例，读者可以更好地将思想政治教育原理与方法应用在实际工作和学习中。本书强调实践性。我们不仅关注理论知识的传播，更注重实践技能的培养，每个案例后面都设计了相应的思考题，引导读者将理论与实际相结合，培养读者分析问题和解决问题的能力。此外，我们还提供了丰富的相关教学资源，方便读者进一步拓展学习。

本书广泛适用于高校思想政治教育、企事业单位思想政治工作、党政干部学习培训等领域。无论是学生、教师，还是从业人员都可以从本书中获得有益的启示和帮助。

　　我们希望通过本书进一步推动思想政治教育理论与实践的发展，希望本书可以为广大教育工作者、思想政治工作者和青年学生带来实际的帮助，培养更多有理想、有道德、有担当的青年一代！

编著者

2024 年 7 月

目　　录

第一编　立德树人　铸魂育人

习近平主持召开学校思想政治理论课教师座谈会／3
习近平在中国人民大学考察时强调：坚持党的领导传承红色基因扎根中国大地
　　走出一条建设中国特色世界一流大学新路／11
习近平给东北大学全体师生的回信／18
习近平对宣传思想文化工作作出重要指示／22

第二编　历史观教育

红军长征游戏《前进之路》开发／31
2021年南京大屠杀死难者国家公祭日仪式系列／38

第三编　学校管理与教育教学

网课女老师之死和赛博爆破者之谜／47
人教版数学教材插图引争议，教育部教材局已介入调查／53
不买平板电脑的孩子难进"智慧班"？查！／60
学霸退学后／66
以公平之名，助学金不应是笔糊涂账／72

第四编　青年思想教育

考编的小镇做题家们：考10次上岸，靠做题走向城市／81

某大学一名大三女生跳江身亡 / 86

"脆皮大学生"走红 / 91

第五编　数字化转型

破圈：网络圈层化背景下思想政治教育的新使命 / 101

我们用 4 万字告诉你 ChatGPT 到底是什么（上）（节选）/ 112

主动应对教育数字化转型新挑战 / 118

AI 画作拿下一等奖：争议之余，再谈媒介对人的延伸 / 123

《孤勇者》的"破圈"与跨媒介叙事 / 130

第六编　网络传播与人际关系

想象的观众：微信朋友圈中的自我呈现 / 139

网络社交新迷思：人人讨厌已读不回，人人都在已读不回 / 144

在短视频上发"厄运走开"的人，到底在想什么？/ 151

"文字讨好症"是社交内卷，还是社交内耗？/ 156

"网红"董宇辉直播遇尴尬 / 161

第七编　社会治理与文化创意

从"村 BA"到"村超"，"土味"顶流的背后，为什么是贵州？/ 171

乌合麒麟新作，被西方媒体发现了 / 176

明星小卡片，"收割"未成年人 / 183

"黑粉们，这是你们想要的结果吗？"/ 189

高铁化妆是不文明行为？/ 195

致谢 / 201

第一编

立德树人 铸魂育人

本编着重强调培养青年学生树立正确的世界观、人生观、价值观的重要性。我们选取了习近平总书记发表的相关重要讲话，旨在引导广大教育工作者关注学生的全面发展，注重学生道德品德的培养，提高学生的人文素养和社会责任感，不断培养更多可堪大用、能担重任的栋梁之材。

【案例概述 1-1】

习近平主持召开学校思想政治理论课教师座谈会*

2019年3月18日，中共中央总书记、国家主席、中央军委主席习近平在北京主持召开学校思想政治理论课教师座谈会并发表重要讲话。

会议中，习近平总书记从办好思想政治理论课的根本遵循与功能价值、核心关键、实践路径、组织领导等方面进行了深入的理论阐释，强调了要"用新时代中国特色社会主义思想铸魂育人，贯彻党的教育方针落实立德树人根本任务"。

一、办好思想政治理论课的根本遵循与功能价值

习近平总书记聚焦思想政治理论课的功能价值，从根源上强调了："最根本的是要全面贯彻党的教育方针，解决好培养什么人、怎样培养人、为谁培养人这个根本问题。"而在这个根本的问题上，"必须旗帜鲜明、毫不含糊"。不仅明确了思想政治理论课的功能定位，更明确了思想政治理论课的根本原则，还明晰了工作目标——"培养一代又一代拥护中国共产党领导和我国社会主义制度、立志为中国特色社会主义事业奋斗终身的有用人才"。

---

* 资料来源：《习近平主持召开学校思想政治理论课教师座谈会》，载于中华人民共和国中央人民政府网，https：//www.gov.cn/xinwen/2019-03/18/content_5374831.htm，2019-03-18。

二、办好思想政治理论课的核心关键

习近平总书记强调:"办好思想政治理论课关键在教师,关键在发挥教师的积极性、主动性、创造性",对新时代思想政治理论教师该"何为"提出了具体要求,明确了工作方向。同时,聚焦"思政课教师,要给学生心灵埋下真善美的种子,引导学生扣好人生第一粒扣子"这一基础性系统性工作,对全体思想政治理论课教师提出了"怎为"的具体要求——第一,政治要强;第二,情怀要深;第三,思维要新;第四,视野要广;第五,自律要严;第六,人格要正。习近平总书记指出:"有了我们这支可信、可敬、可靠,乐为、敢为、有为的思政课教师队伍,我们完全有信心有能力把思政课办得越来越好。"

三、办好思想政治理论课的实践路径

习近平总书记强调:"推动思想政治理论课改革创新,要不断增强思政课的思想性、理论性和亲和力、针对性。"习近平总书记从"八个统一"明确了办好思想政治理论课的实践路径:要坚持政治性和学理性相统一;坚持价值性和知识性相统一;坚持建设性和批判性相统一;坚持理论性和实践性相统一;坚持统一性和多样性相统一;坚持主导性和主体性相统一;坚持灌输性和启发性相统一;坚持显性教育和隐性教育相统一。

四、办好思想政治理论课的组织领导

习近平总书记强调:"办好中国的事情,关键在党。各级党委要把思想政治理论课建设摆上重要议程,抓住制约思政课建设的突出问题,在工作格局、队伍建设、支持保障等方面采取有效措施。要建立党委统一领导、党政齐抓共管、有关部门各负其责、全社会协同配合的工作格局,推动形成全党全社会努力办好思政课、教师认真讲好思政课、学生积极学好思政课的良好氛围。"这明确了思想政治理论课的主体责任。同时,还强调:"学校党委书记、校长要带头走进课堂，带头推动思政课建设，带头联系思政课教师。要配齐建强思政课专职教师队伍，建设专职为主、专兼结合、数量充足、素质优良的思政课教师队伍。"这明确了第一责任人与建设方向。

【案例分析】

以上是 2019 年习近平总书记在北京主持召开的学校思想政治理论课（以下简称"思政课"）[①] 教师座谈会上重要讲话的主要内容。习近平总书记的重要讲话涉及对思政课教学主体、教学载体的方法论阐述，明确了思政课教师队伍建设的新要求和课程改革的新方向，为新时代理直气壮开好思政课提供了遵循。

一、发挥思政课教师的积极性、主动性、创造性

办好思政课的关键在于建设一支富有积极性、主动性、创造性的思政课教师队伍。如何调动积极性、主动性、创造性，则需要广大思政课教师把政治要强、情怀要深、思维要新、视野要广、自律要严、人格要正（以下简称"六种素养"）作为行动规范，并贯彻到教育教学全过程。

思政课的突出特点在于其政治性。这一点强调了思政课所具有的独特属性以及教师的职业素养。作为思想政治教育的倡导者和课程的主导者，思政课教师需要具备坚定的政治信仰、政治立场、政治意识和政治担当，以身作则当好"活教材"，使学生在思政课中实现思想的认识与升华，不断发挥思政课铸魂育人主渠道作用，构建新时代大思政课育人体系。

要让有情怀的人讲情怀，为思政课投入真感情。青年是祖国的未来和希望，也是实现中华民族伟大复兴的接续力量。思政课教师的家国情怀和赤子之心可以感染和影响学生，引领广大学子把个人价值和人生追求寄托在对国

[①] 如无特别说明，本书中的"思想政治理论课"均指"思政课"，后文简称"思政课"。

家和人民的大爱与奋斗之中，心怀国家与民族，关注社会与现实，立足理论与实践，成就非凡的人生。这意味着思政课教师不仅要做传授知识的传道者，更要做塑造信仰的感染者。

思政课教师的思维要新、视野要广是创新课堂教学、回答时代问题的必然要求。思政课教师承担着回答学生疑问和困惑的责任，如何灵活运用辩证唯物主义和历史唯物主义生动形象地把课程内容有理有据地说清楚、讲明白，这就需要思政课教师不仅要有扎实的理论功底，还要有广阔的历史视野和创新的思维方法。"00"后大学生是"Z世代"群体，他们的成长伴随着信息技术快速发展和信息资源爆炸，如果思政课教师仍固守个人视野，不主动拥抱信息技术和互联网，局限于用枯燥无味、授课单一的方式传授知识，是很难说服、打动和感染学生的，也很难在课堂中激活学生的主体性，无法培育学生养成创新思维和批判思维。

思政课教师要给学生树模范、立品德，所学要为世人之师，所行应为世人之范。教师是学生品德修养的镜子，教师的一言一行时刻处在学生的"监控"与"模仿"之下，并成为社会关注的焦点。因此，思政课教师必须严格要求自己的言行和举止，言传身教影响学生，身体力行感染学生，立德树人说服学生，为学生树立榜样模范，成为学生为学、为事、为人的引路人，成为有人格魅力的"大先生"。

二、推动新时代思政课改革创新

推动新时代思政课改革创新，要不断增强思政课的思想性、理论性、亲和力和针对性，这是促进思政课高质量发展的时代课题。

增强思政课的思想性，充分利用它来发挥价值导向作用。从某种程度上来讲，思政课与思想政治教育都是做人的工作，然而思政课却多了一项育人的重要任务。这就意味着思政课的思想性要准确反映育人的政治立场和方向，始终聚焦育人问题，在立德树人过程深刻回答培养什么人、怎样培养人、为谁培养人这一根本问题，在进课堂、进教材、进头脑中引导青年学生形成正确的世界观、人生观和价值观。为此,必须强化思政课的马克思主义属性,不断壮大研究队伍,不断提高思政课教师的教学水平和研究能力。此外,思政课教师还可以采用热点讨论、专题探讨、焦点解答、实践研习、论文撰写等形式,教育和引导学生从整体上掌握思政课的思想性,真正做到入脑入心入魂。

增强思政课的理论性,需要注重思政课学理性和系统性的体现。这也意味着要回答如何用什么理论来培养学生的问题。在社会思潮多元化的背景下,青年学生的思想观念越来越复杂,只有增强理论说服力才能更好地感染和影响学生,引导他们健康成长。因此,思政课不仅要将马克思主义、中国特色社会主义等思想理论贯穿课程始终,而且还需要将其融入其他课程,实现思政课程与课程思政的同向同行。在教学方法上,思政课教师可以采用平等对话、互动探讨的方式,鼓励学生在亲身体验中对鲜活事例进行理论解析,将科学理论转化为人们干事创业的精神动力。

增强思政课的亲和力。教师不仅需要将思政课讲透彻、有深度,而且还要将课程讲生动、有活动,如此才能发挥学生的积极性、主动性、创造性,提升思政课的亲和力和课堂效果。为此,可以从说服力、吸引力、感染力三个方面整体提升思政课的亲和力。课程内容要紧贴"Z世代"群体的思想动态和生活实际,以学生为中心提出问题、分析问题、解答问题,强化学生参与课堂互动的能力,用说服力解决学生对思政课"信与不信"问题;思政课教师要彰显人格魅力,用高尚的道德情操和专业的教学技能赢得学生尊重与认可,在言传身教中用吸引力解决学生对思政课"行与不行"的问题;思政课教师要重视以理服人和以情感人,用小故事去解释大道理,让抽象的理论更具人性的温度,用感染力解决学生对思政课"爱与不爱"的问题。

增强思政课的针对性。思政课的对象是青年学生,针对性就是以科学的学情分析为基础,针对青年学生的需求进行思政课改革创新,真正做到围绕、关照和服务学生。在开课之前,思政课教师可以与同学们进行对话交流，了解同学们的课程疑惑、学习需求以及心理特征，据此设计课堂教学环节中的理论难点、教学案例等，并在课后就同学们的疑惑展开讨论，为增强思政课针对性提供依据和经验。思政课教师要深入了解青年学生，不仅要做到精准供给，使教学内容、方法与青年学生实际生活相结合，实现教育供给平衡，而且要引导青年学生积极对错误观点进行批判，同不良社会思潮作斗争，积极传播与弘扬社会主义核心价值观。

【案例讨论】

1. 你如何看待新时代思政课教师的"六种素养"？
2. 你认为思政课教师如何对标"六种素养"？
3. 你认为思政课如何提高亲和力？
4. 你认为思政课的思想性和理论性可以通过哪些方式传播给学生？

【案例知识点】

1. 立德树人
2. 爱国情、强国志、报国行
3. 坚持政治性和学理性相统一
4. 坚持价值性和知识性相统一
5. 坚持建设性和批判性相统一
6. 坚持理论性和实践性相统一
7. 坚持统一性和多样性相统一
8. 坚持主导性和主体性相统一
9. 坚持灌输性和启发性相统一
10. 坚持显性教育和隐性教育相统一

【教学建议】

1. 本案例可用于"教师发展"和"课程创新"教学,在理论学习结束后,可针对如何提升教师素养和课程创新进行讨论。

2. 教师可组织学生查阅优秀老师的案例和反面教材案例,根据课程内容进行对比讨论,让学生了解新时代思政课教师和课程实施的实际情况与现实要求。

【相关教学资源】

1. 郝双才:《如何做一个智慧的思政课教师》,中国社会科学出版社2022年版。

2. 刘帅、刘建华:《思政课教师情怀论》,中国社会科学出版社2022年版。

3. 蒋荣:《高校思政课研究型教学:实施路径与效果评估》,中国社会科学出版社2021年版。

4. 冯建军:《大中小学思政课一体化的内容要求与推进措施》,载于《课程·教材·教法》2023年第2期。

5. 沈壮海、刘灿:《多重视野中的大中小学思政课一体化建设及其突破》,载于《马克思主义与现实》2023年第2期。

6. 李蕉:《"大思政课"的历史方位与理论定位》,载于《思想理论教育导刊》2022年第9期。

7. 杨增崒、赵月:《善用"大思政课":深刻内涵、时代价值与建设理路》,载于《学校党建与思想教育》2022年第5期。

8. 徐蓉、周璇:《善用"大思政课"推进教学改革创新》,载于《思想理论教育》2021年第10期。

9. 叶方兴：《大思政课：推动思想政治理论课的社会延展》，载于《思想理论教育》2021 年第 10 期。

10. 赵春玲、逄锦聚：《"大思政课"：新时代思政课改革创新的重要方向和着力点》，载于《思想理论教育导刊》2021 年第 8 期。

11. 朱旭：《"大思政课"理念：核心要义、时代价值与实践路径》，载于《马克思主义理论学科研究》2021 年第 5 期。

12. 冯刚、陈步云：《深刻把握新时代思政课"八个统一"的建设规律》，载于《中国高等教育》2019 年第 9 期。

13. 王树荫：《高校思政课教师"政治要强"》，载于《中国高校社会科学》2019 年第 3 期。

（本案例由陈国辉、韩绪完成）

| 第一编　立德树人　铸魂育人 |

【案例概述 1–2】

习近平在中国人民大学考察时强调：
坚持党的领导传承红色基因扎根中国大地
走出一条建设中国特色世界一流大学新路*

2022年4月25日，在五四青年节即将到来之际，中共中央总书记、国家主席、中央军委主席习近平来到中国人民大学考察调研。习近平代表党中央，向全国各族青年致以节日的祝贺，向中国人民大学全体师生员工、向全国广大教育工作者和青年工作者致以诚挚的问候。习近平希望全国广大青年牢记党的教诲，立志民族复兴，不负历史，不负时代，不负人民，在青春的赛道上奋力奔跑，争取跑出当代青年的最好成绩！

习近平总书记强调"为谁培养人、培养什么人、怎样培养人"始终是教育的根本问题。在抓住这个根本问题的过程中，"要坚持党的领导，坚持马克思主义指导地位，坚持为党和人民事业服务，落实立德树人根本任务，传承红色基因，扎根中国大地办大学，走出一条建设中国特色、世界一流大学的新路"，希望"广大青年要做社会主义核心价值观的坚定信仰者、积极传播者、模范践行者，向英雄学习、向前辈学习、向榜样学习，争做堪当民族复兴重任的时代新人"。

---

* 资料来源：《习近平在中国人民大学考察时强调：坚持党的领导传承红色基因扎根中国大地走出一条建设中国特色世界一流大学新路》，载于中华人民共和国中央人民政府网，https：//www.gov.cn/xinwen/2022–04/25/content_5687105.htm，2022–04–25。

在观摩思政课智慧教室现场教学时，习近平总书记强调思政课在立德树人中的重要性，要求思政课"把道理讲深、讲透、讲活，老师要用心教，学生要用心悟，达到沟通心灵、启智润心、激扬斗志"。他指出，"青少年思想政治教育是一个接续的过程，要针对青少年成长的不同阶段，有针对性地开展思想政治教育。希望人民大学绵绵用力，久久为功，止于至善，为全国大中小学思政课教学提供更多'金课'"。他要求，中国人民大学要传承红色基因，守好党的这块重要阵地，加强校史资料的挖掘、整理和研究，激励广大师生继承优良传统，赓续红色血脉。

习近平总书记在与师生座谈时强调，要建设中国特色、世界一流大学，培养"复兴栋梁、强国先锋"。他指出，哲学社会科学工作者要立足中国实际，解决中国问题，推动中华优秀传统文化创造性转化、创新性发展。

习近平总书记强调教师队伍建设的重要性，特别是中青年教师骨干的培养，要重视教师的道德修养和学术造诣，使他们成为"经师"和"人师"的统一者。他希望教师以人格魅力和学术造诣影响学生，成为被社会尊重的楷模。

习近平总书记希望广大青年用脚步丈量祖国大地，用内心感应时代脉搏，把对祖国的情感贯穿学业全过程、融汇在事业追求中。他鼓励青年坚定不移听党话、跟党走，努力成长为堪当民族复兴重任的时代新人。

这次考察，习近平总书记传达了对教育和青年培养的重视，以及对建设中国特色、世界一流大学的期望，强调了思政教育、红色基因传承、教师队伍建设的重要性，并对青年提出了殷切的期望和要求。

【案例分析】

以上内容主要讲述了习近平总书记在中国人民大学考察时对学校师生的嘱托和殷切希望。总的来说，这是一篇讨论新时代中国高校如何建设中国特色、世界一流大学的文章，体现了很多与思想政治教育密切相关的内容，我们可以围绕高校思政课办学方向、教师队伍建设、教学模式创新等问题展开讨论。

高校应坚持党的领导和马克思主义的指导地位，落实立德树人的根本任务。自新中国成立以来，为适应社会变化和时代发展的要求，党对高校的指导思想也发生了变化。1949年底，教育部召开第一次全国教育工作会议，确定新民主主义时期的教育方针是"为工农服务，为生产建设服务"。我国教育开始了由新民主主义教育向社会主义教育的过渡，教育中的社会主义因素不断增长。在改革开放和社会主义现代化建设新时期，党和国家的工作重点转移到社会主义现代化建设上来。1983年10月1日，邓小平为景山学校题词"教育要面向现代化，面向世界，面向未来"。"三个面向"成为改革开放新时期教育改革和发展的战略指导思想。2007年10月，党的十七大报告提出："要全面贯彻党的教育方针，坚持育人为本、德育为先，实施素质教育，提高教育现代化水平，培养德智体美全面发展的社会主义建设者和接班人，办好人民满意的教育。"对教育方针的内容进行了新的阐释和丰富，提出了"育人为本、德育为先""实施素质教育""办好人民满意的教育"指导思想。2012年，党的十八大报告提出："全面贯彻党的教育方针，坚持教育为社会主义现代化建设服务、为人民服务，把立德树人作为教育的根本任务，培养德智体美全面发展的社会主义建设者和接班人。"对教育方针的内容进行了新的丰富和发展，提出了"把立德树人作为教育的根本任务"的要求。2022年，党的二十大报告提出："教育是国之大计、党之大计。培养什么人、怎样培养人、为谁培养人是教育的根本问题。育人的根本在于立德。全面贯彻党的教育方针，落实立德树人根本任务，培养德智体美劳全面发展的社会主义建设者和接班人。"在全面建设社会主义现代化国家新征程上，高校要坚持不懈用习近平新时代中国特色社会主义思想凝心铸魂，把思想和行动统一到党的二十大精神上来，全面贯彻党的教育方针，坚持社会主义办学方向，落实立德树人根本任务，围绕培养德智体美劳全面发展的社会主义建设者和接班人，办好人民满意的高等教育。

高校要注重教师队伍建设，培养"经师"与"人师"相统一的"好老师""大先生"。思政课是高校落实立德树人根本任务的关键课程，更是确保中国共产党领导地位和马克思主义指导地位的教育教学主阵地。思政课的作用不可替代，思政课教师责任重大，在培养学生的思想道德素质、传授马克思主义理论等方面具有重要使命。他们不仅是知识的传播者，更是学生道德品质和人格塑造的引导者。思政课教师要以身作则，引导学生树立正确的世界观、人生观、价值观，培养学生的社会责任感和家国情怀，促进学生成为有理想、有道德、有文化、有纪律的社会主义建设者和接班人。首先，思政课教师要成为能把道理讲深、讲透、讲活的"经师"。这就要求高校思政课教师自身先有过硬的专业水准，掌握马克思主义的原理、方法和立场，强化马克思主义理论研究的问题意识和问题导向，切实提升马克思主义理论研究水平。思政课教师在教学过程中还要结合学科特点、结合学生学习发展的不同阶段，选择适合的内容、有效的方式、多样的形式进行教学，不断在教学实践中摸索教学方法、创新教学模式、更新知识内容。其次，思政课教师要提高自身道德修养，做学生的"好老师""大先生"，以"传道"为责任和使命，明确意识到自己肩负的使命和责任。思政课教师应积极将最新科研成果转化为教学内容，向学生解答重大热点问题，不断增强思政课的思想性、理论性和针对性，做好学生的"领路人"，带领学生把知识用来分析、解决实际问题。最后，不仅青年学生的思想政治教育是一个接续的过程，而且教师队伍的培养也是一个接续的过程，我们应像习近平总书记强调的那样，中青年骨干教师和老教师之间要形成良性的互动，促进教师队伍的发展，让更多的教师立志成为"大先生"，在教书育人和科研创新上不断创造新业绩。

高校应利用学校优势、结合时代特点，创新思政课教学模式。习近平总书记来到中国人民大学后，参观的第一站就是"立德楼"，并强调思想政治理论课能否在立德树人中发挥应有作用，关键看重视不重视、适应不适应、做得好不好。强调思政课要注重方式方法，把道理讲深、讲透、讲活，达到和学生沟通心灵、启智润心、激扬斗志的效果。要把道理讲深、讲透、讲活，达到和学生的有效沟通，做到"适应"是关键。一方面，利用好红色校史，让学生在教学内容上"适应"。正如习近平总书记所强调的，要加强校史资料的挖掘、整理和研究，讲好中国共产党的故事，讲好党创办人民大学的故事，激励广大师生继承优良传统，赓续红色血脉。我们把高校红色校史转化为思政课的教学内容，让学生学习深刻的历史、学习身边的历史、学习有生命的历史。让历史人物的形象由干瘪走向丰满，实现让学生从死记硬背历史事件向了解"校友故事"的转变，增强学生对学校的认同，进而上升到对政治的认同、对国家的认同，从而把思政课的精神食粮转化为学习与实践的充足动力。另一方面，要结合时代特点，让学生在教学模式上"适应"。习近平总书记指出，人民大学馆藏红色文献，鉴证了我们党创办正规高等教育的艰辛历程，是十分宝贵的红色记忆，要精心保护好，逐步推进数字化，让更多的人受到教育、得到启迪。在数字化信息化的社会环境中，学生学习知识和应用知识的方式与途径也发生了很大变化，传统的满堂灌和照本宣科早已不适合当代大学生。用多样化的教学方式促进学习效能的提升已势在必行，推进教育教学数字化转型是当下的紧迫任务。总的来说，不管是内容的丰富还是方式的改进，归根结底都是为了用更有效的方式做好高校思想政治教育，引领中国青年坚定不移听党话、跟党走，努力成长为堪当民族复兴重任的时代新人。

【案例讨论】

1. 你觉得思政课重要吗？
2. 你喜欢什么样的思政课堂？
3. 你认为应该如何创新思政课的教育模式？

【案例知识点】

1. 党的教育方针
2. 高校思政课办学方向
3. 教师队伍建设
4. 教学模式创新

【教学建议】

1. 本案例可用于"提高思想政治教育有效性"的教学，在分析思想政治教育的重要性、必要性之后，引导学生思考如何正确看待思政课，让学生尝试切换视角，站在教师、学校、国家的层面理性认识思政课和思想政治教育的重要性。

2. 在讲述本案例后，教师可组织学生展开讨论，发表对思政课的见解和认识，以及从学生视角简述发现的问题，让学生从受教育者的身份转换为参与者、组织者的身份并提出建议。

3. 课后，可让学生写一篇简短的文章，结合思政课相关知识并梳理课堂上讨论的内容，提出个人的见解与建议。让学生在此过程更加全面地思考问题，教师也可以根据学生的感受和建议，丰富教学内容、改进教学方式，让理论与实践有效结合，学生与教师双向了解，最终实现教学相长。

【相关教学资源】

1. 叶方兴：《"大思政课"建设中的社会参与：依据、意蕴与原则》，载于《思想理论教育》2024 年第 2 期。

2. 徐秦法、常劼：《善用"大思政课"推进价值观构建》，载于《教学与研究》2024年第1期。

3. 孙菲、孙迎光：《思政课生成于"道"与"理"合成的世界之中》，载于《河南师范大学学报（哲学社会科学版）》2023年第6期。

4. 张夏、吴宏政：《论"大思政课"的方法论根据》，载于《吉首大学学报（社会科学版）》2023年第6期。

5. 张建明：《"国之大者"视域下加强新时代思政课建设的实践进路》，载于《河南大学学报（社会科学版）》2023年第6期。

6. 孙秀玲、郭倩倩：《论"大思政课"视域下"思政小课堂"与"社会大课堂"的有效衔接》，载于《教学与研究》2023年第9期。

7. 徐霞、邵银波：《主导性与主体性相统一的高校思政课教学模式创新》，载于《学校党建与思想教育》2022年第19期。

8. 安钰峰：《办好中国特色世界一流大学的根本遵循——学习习近平总书记考察中国人民大学时的重要讲话》，载于《学校党建与思想教育》2022年第15期。

9. 齐鹏飞：《思政课教师应努力成为"经师"与"人师"相统一的"好老师""大先生"》，载于《中国高等教育》2022年第9期。

10. 肖贵清：《做无愧于新时代思想政治理论课的"大先生"——学习习近平总书记在中国人民大学考察时的重要讲话精神》，载于《河北大学学报（哲学社会科学版）》2022年第5期。

11. 刘复兴、李森：《在新的历史征程上培养担当民族复兴大任的时代新人——新时代党的教育方针政策研究》，载于《中国人民大学教育学刊》2022年第4期。

12. 王新清：《从"好老师"到"大先生"：高校师德师风建设的基本路径》，载于《中国高教研究》2021年第9期。

（本案例由陈国辉、常群完成）

【案例概述 1-3】

习近平给东北大学全体师生的回信*

2023年9月15日，在东北大学建校100周年之际，习近平总书记在给东北大学全体师生的回信中，不仅向东北大学全校师生员工、广大校友致以热烈的祝贺和诚挚的问候，还高度评价了东北大学，他指出："东北大学自成立以来，始终以育人兴邦为使命，形成了鲜明办学特色，培养了大批优秀人才，为国家、为民族作出了积极贡献。"他希望东北大学在新的起点上，"全面贯彻党的教育方针，弘扬爱国主义光荣传统，坚持立德树人，继续改革创新，着眼国家战略需求培养高素质人才，做强优势学科，不断推出高水平科研成果，为推动东北全面振兴、推进中国式现代化作出新的更大贡献"。

这封回信，习近平总书记表达了对东北大学过去成就的认可，并对学校未来的发展提出了明确的方向和期望，强调了教育的重要性以及对国家和民族发展的贡献。

【案例分析】

以上是习近平总书记给东北大学全体师生的一封回信，蕴含着总书记对

---

* 资料来源：《习近平给东北大学全体师生的回信》，载于新华网，http：//www.news.cn/2023-09/16/c_1129866702.htm，2023-09-16。

广大师生的深切勉励、殷切期望。立足立德树人根本任务、高校思想政治教育创新发展等视角，值得我们进一步思考。

坚持党对高校的全面领导是新时代中国特色社会主义教育事业发展的根本保证，立德树人是发展中国特色社会主义教育事业的根本任务，深刻把握二者内在统一关系是办好中国特色社会主义大学的关键所在。2023年5月，习近平总书记在中共中央政治局第五次集体学习时强调，培养什么人、怎样培养人、为谁培养人是教育的根本问题，也是建设教育强国的核心课题。立德树人就是对如何培养人的具体回答。高校承担着立德树人的重要责任。高校思政课是对大学生进行系统的马克思主义理论教育的主渠道，是"铸魂"的主阵地。这封回信也进一步印证了高校在立德树人中的重要作用。随着信息技术的发展，被称为"Z世代"的大学生思想意识更加多元和灵活，这使得高校在育人工作上面临更大的挑战。教师队伍是立教之本，是高校育人工作的主体，肩负着铸魂育人的重要职责。当代青年大学生是实现中华民族伟大复兴中国梦的主力军，而教师正是建设"主力军"的重要力量。因此，教师要努力提高自身综合素质，在教育教学过程更好地完成立德树人的根本任务，做到习近平总书记回信中所强调的那样，着眼国家战略需求为国家提供高素质人才。人不仅是教育的主体，而且是思想政治教育的核心，思想政治教育的一切活动都需要围绕人的问题而进行。落实好立德树人根本任务，就必须从人入手，引导各专业学生尊重认知发展规律，将学科知识体系和思想道德品质视为立身之本，从理论武装、价值引领、实践养成等方面持续推进思政课守正创新、提质增效，努力培养担当民族复兴大任的时代新人。

高校思想政治教育的使命在于培养具有高度文化素养、坚定政治信仰、正确世界观和价值观的高素质人才，以适应社会的发展和国家的战略需求。为实现这一目标，高校思想政治教育需要始终坚持内容与方式的创新发展。首先，内容的创新是高校思想政治教育的关键。随着时代的变迁和社会的发展，教育的内容应不断更新，贴近当代学生的思想需求和认知水平。高校思想政治教育应充分融入国家的战略需求，引导学生深刻理解和践行社会主义核心价值观，树立正确的政治观念和价值取向。同时，内容的创新也包括多样化的教育内容设置，如科技创新、国际视野、社会责任等方面的教育，帮助学生形成全面发展的人格。其次，教育方式的创新同样至关重要。传统的思想政治教育模式往往以灌输为主，容易引起学生的排斥和抵触。因此，高校应探索多样化的教育方式，如互动式教学、案例分析、实践教育等，激发学生的学习热情和积极性。同时，结合现代科技手段，如在线教育、虚拟现实等，为学生提供更加便捷和有效的学习体验，使高校思想政治教育更具吸引力和感染力。最后，高校思想政治教育的创新发展还需要注重师生之间的互动交流。教师作为教育的主导者，应不断提升自身的教育水平和教学方法，引导学生在交流中思考、在实践中成长。同时，学生也应积极参与课堂讨论和社会实践，加强对所学知识的领悟和运用，培养批判性思维和创新能力。

【案例讨论】

1. 你认为思政课教师应如何落实好立德树人的根本任务？
2. 你认为立德树人与高校思想政治教育之间存在何种关联？
3. 你如何认识和评价高校思想政治教育的创新发展？

【案例知识点】

1. 立德树人根本任务
2. 高校思想政治教育创新发展

【教学建议】

1. 本案例可用于"高校思想政治教育创新发展"的教学，教师可以结合传统课堂教学、案例分析、小组讨论、角色扮演等多种教学方式，使学生在不同的情境下获得知识、培养能力。通过多元化的教学方法，激发学生的学习兴趣，提高他们的参与度和学习效果。

2. 在讲述本案例过后，教师可以引导学生去思考案例中所涉及的其他知识点并展开讨论，并对涉及的思想政治教育内容进行归纳和总结，也可以在实践教学中引导学生进行理性讨论和辩论，培养学生的批判性思维和独立思考能力。

【相关教学资源】

1. 陈明宇：《在以文化人中落实立德树人根本任务》，载于《中国高等教育》2023年第21期。

2. 李艳、史云贵：《新时代高校立德树人的核心要义、实践困境与破解机制》，载于《湘潭大学学报（哲学社会科学版）》2023年第5期。

3. 王景宇、刘博：《守正创新：新时代我国高校思想政治教育的基本遵循》，载于《江苏高教》2023年第5期。

4. 黄蓉生：《新时代高校思想政治教育创新发展的根本取向》，载于《思想理论教育导刊》2023年第3期。

5. 徐业坤、曹文泽：《新时代高校思想政治教育发展的空间向度》，载于《思想理论教育》2022年第12期。

6. 张国启、刘亚敏：《新时代思想政治教育高质量发展的逻辑内涵与实践理路》，载于《思想理论教育》2021年第5期。

7. 吴满意、王丽鸽：《从精准到智慧：思想政治教育创新发展的根本态势分析》，载于《马克思主义与现实》2019年第4期。

8. 骆郁廷、项敬尧：《论新时代思想政治教育创新发展的基本遵循》，载于《思想理论教育》2018年第1期。

9. 冯刚：《思想政治教育创新发展的四个着力点》，载于《教学与研究》2017年第1期。

（本案例由陈国辉、李婷婷完成）

【案例概述 1-4】

习近平对宣传思想文化工作作出重要指示*

2023年10月7日至8日，全国宣传思想文化工作会议在北京召开，会上传达了习近平总书记的重要指示。指示指出："宣传思想文化工作事关党的前途命运，事关国家长治久安，事关民族凝聚力和向心力，是一项极端重要的工作。党的十八大以来，党中央从全局和战略高度，对宣传思想文化工作作出系统谋划和部署，推动新时代宣传思想文化事业取得历史性成就，意识形态领域形势发生全局性、根本性转变，全党全国各族人民文化自信明显增强、精神面貌更加奋发昂扬。"

习近平总书记强调："新时代新征程，世界百年未有之大变局加速演进，中华民族伟大复兴进入关键时期，战略机遇和风险挑战并存，宣传思想文化工作面临新形势新任务，必须要有新气象新作为。"在宣传思想文化工作领域"要坚持以习近平新时代中国特色社会主义思想为指导，全面贯彻党的二十大精神，聚焦用党的创新理论武装全党、教育人民这个首要政治任务，围绕在新的历史起点上继续推动文化繁荣、建设文化强国、建设中华民族现代文明这一新的文化使命"。

在指示中，习近平总书记还明确提出了"七个着力"的重大要求，

---

* 资料来源：《习近平对宣传思想文化工作作出重要指示》，中华人民共和国中央人民政府网，https://www.gov.cn/yaowen/liebiao/202310/content_6907766.htm，2023-10-08。

"着力加强党对宣传思想文化工作的领导,着力建设具有强大凝聚力和引领力的社会主义意识形态,着力培育和践行社会主义核心价值观,着力提升新闻舆论传播力引导力影响力公信力,着力赓续中华文脉、推动中华优秀传统文化创造性转化和创新性发展,着力推动文化事业和文化产业繁荣发展,着力加强国际传播能力建设、促进文明交流互鉴"。这是对宣传思想文化工作努力方向、根本遵循和具体任务的再明确、再强调,是做好新时代宣传思想文化工作的科学指导。同时,习近平总书记要求各级党委(党组)把宣传思想文化工作作为重大政治责任,确保党中央决策部署落到实处。

会议认为,习近平总书记的重要指示具有很强的政治性、思想性、指导性,为进一步做好宣传思想文化工作指明了方向。会议提出习近平文化思想是新时代文化建设的指导思想,内涵丰富、论述深刻,是习近平新时代中国特色社会主义思想的重要组成部分。

会议强调,要深入学习习近平文化思想,增强责任感和使命感,推动各项工作落地见效;要坚持不懈用习近平新时代中国特色社会主义思想凝心铸魂,巩固壮大主流思想舆论,广泛践行社会主义核心价值观,促进文化事业和文化产业繁荣发展,加强和改进对外宣传工作,坚决有效防范化解意识形态风险,加强党对宣传思想文化工作的全面领导。

会议要求,以钉钉子精神把各项任务要求落到实处,提高工作质量效能,在建设社会主义文化强国、建设中华民族现代文明的奋斗和实践中展现新气象新作为。

【案例分析】

党的十八大以来,我国宣传思想文化工作取得了一系列历史性成就。青年作为社会力量中最积极、最有生气的生力军,拥有更宽广的视野、更丰富多元的价值观、更敏锐灵活的思维方式,这就容易和宣传思想文化工作碰撞出新的思路和火花,值得思想政治教育者对此展开深入研究和探讨。

新时代,我们看到了许许多多自觉扛起文化宣传大旗的青春榜样:有将川剧艺术与杖头木偶相结合,创造性继承非遗传统的徐宁;有将快板文化融入现代元素,老板新唱,积极创新,义务教授八千余人的刘亚伟;有用核雕技艺讴歌红色革命精神,耐得住寂寞,也守得住清苦的朱蒙佳。青年是文化宣传的生力军,高校是人才培养的大摇篮。在对青少年进行思想政治教育的过程中,必须奏响文化宣传的"多重曲",用青春话语阐释思想理论,用青春方式传播优秀文化,用青春力量引领青年成长,从而让党的创新理论"飞入寻常百姓家",让青春之"小我"融入社会之"大我",让青春之"小声音"汇聚成宣传思想文化之"大力量"。

思想政治教育,应深刻把握当代青年的思想和行为特征。一方面,技术革新和进步让许多青少年形成了网上学习和碎片阅读的文化获取方式,这种方式可以随时随地获取各种各样的信息,但这些模糊的、未经整合的信息并非都是有价值的,甚至某些不良的、落后的思想文化会以见缝插针的形式腐蚀青少年的价值观。因此,高校在思想政治教育过程中,应着重提高青少年对各种文化思潮的思辨能力,并搭建传承中华优秀传统文化和学习新理念、新思想、新战略的渠道,引导青少年积极学习、研究、宣传、践行社会主义核心价值观,确保宣传思想文化工作有抓手、有平台。另一方面,文化圈层逐渐成为青少年聚集的新型方式。在内容分布日益细化的今天,青少年更倾向于通过兴趣爱好结识同伴,找到独属于自己的圈层,比如近些年火爆的"饭圈""cos圈""汉服文化圈"等。在高校思想政治教育过程中,也可将这种圈层文化打造为宣传思想文化工作的"解码器",发挥朋辈教育作用,让更多青少年从生活中的"亲历者"变为"大思政课"上的"主讲人",以同龄人的身份、情感、经历和交流习惯,感染同龄人,传递正能量,在有效避免青少年集体行为失范的同时,建立起青春视角下别有洞天的"圈子文化"。

思想政治教育,应增强青少年的文化认同和文化自信,坚持以文化人，以文育人。当今，社会上各种思想文化在高校交流交融交锋，学生面临着多元文化价值影响的同时，对社会认同感的阈值也在不断提升。也就是说，随着青少年视野越来越开阔，在某些观念和价值方面的认同也越来越难达成一致。此时，如何强化思想政治引领，增强青少年的文化认同和文化自信，成为摆在高校宣传思想文化工作面前的一项重大而紧迫的时代课题。首先，在推进大中小学思政课一体化建设的过程中，要坚持理念和价值先行，改变唯分数论和重知识轻价值的导向，用好思政课这个主渠道，与其他课程协同育人，在多学科中体现中华优秀传统文化和社会主义核心价值观。其次，宣传思想文化工作应改变纸上谈兵、宏大叙事的方式，运用接地气的、活生生的、青少年喜闻乐见的方式"活化"中华优秀传统文化，如画本、游戏、课堂剧场等，拉近思政课与学生的距离，拉近中华优秀传统文化与青少年的距离。最后，在思想政治教育的过程中，应注重第二课堂建设，实现两个课堂的良性互补与有效衔接，依托学生社团设立主题多样的校园文化节，成立专业过硬、形式灵活的大学生文化宣讲团，组织师生到乡村、到田间地头学习民俗文化，了解党情国情民情的同时，接受优秀传统文化的熏陶。

思想政治教育，应深耕内容输出，强化青年大学生主体叙事力量。青少年处在学习的关键时期，是最富于生命力和创造力的，要把青少年的潜力贯穿于高校宣传思想文化工作的始终，引导越来越多的青少年成为宣传思想文化工作的传播主体和贡献者，引导他们勇于创造、善于创造、不断创造。一方面，青少年要紧跟时代步伐，讲好中国故事。随着我国经济地位和国际实力的不断提升，越来越多青年人以留学生和工作者的身份在异国求学或生活，青年要在暗流涌动的西方媒体话语中提升自己明辨是非的能力，从点滴小事做起，维护国家形象，增强做中国人的志气、骨气、底气，以自尊自信的态度和不卑不亢的立场将中国声音传播出去，如习近平总书记在多个场合的讲话中谈道："讲好中国故事，要主动讲好中国共产党治国理政的故事、讲好中国人奋斗圆梦的故事、讲好中国坚持和平发展合作共赢的故事，让世界更好地了解中国。"另一方面，要依托新媒体平台和党团平台，建构青年话语体系。在宣传思想文化工作过程中，应坚持"青年人在哪里，宣传思想工作的阵地就应该在哪里"的原则，利用微信、微博、抖音、B站等青少年熟悉和喜爱的新媒体平台，为青少年提供展示自己才华和创造力的机会，鼓励他们通过照片、作品、音乐和视频来表达自己对传统文化的理解。并且，在党团平台的搭建中，要倾听青少年的需求和心声，用青少年听得懂的方式，创新党团工作的青年话语体系，使内容融入其中、贴近青年，引领广大青年坚定不移听党话，矢志不渝跟党走。

【案例知识点】

1. 习近平文化思想
2. 宣传思想文化工作
3. 中国共产党思想政治教育
4. 中华民族现代文明
5. 中国话语和叙事体系
6. 中华文明的精神标识和文化精髓

【教学建议】

1. 本案例可用于"思想政治教育文化功能"的教学，在深入学习习近平对宣传思想文化工作作出的重要指示后，讨论在思想政治教育过程中如何有针对性地开展宣传思想文化工作的方法和策略问题。

2. 在讲述本案例后，教师可组织学生根据自身需求写教案，尝试采访具有相关经历的学生，开展一对一的精准教学，并开展小组讨论，分析教案的可行性。

【相关教学资源】

1. 习近平：《论党的宣传思想工作》，中央文献出版社 2020 年版。

2. 齐卫平：《习近平文化思想揭示新的文化使命意义阐释》，载于《行政论坛》2024 年第 1 期。

3. 苗文玉、徐国亮：《辩证视域下的习近平文化思想：源流、精髓与价值》，载于《湖南农业大学学报（社会科学版）》2024 年第 1 期。

4. 肖贵清、贺政凯：《习近平文化思想的原创性贡献》，载于《湖南科技大学学报（社会科学版）》2024 年第 1 期。

5. 项久雨：《习近平文化思想的理论特质》，载于《中国高校社会科学》2024 年第 1 期。

6. 王公龙：《习近平文化思想的历史唯物主义基础》，载于《思想理论教育》2024 年第 1 期。

7. 陈海若：《论习近平文化思想的理论主题与科学体系》，载于《思想理论教育》2024 年第 1 期。

8. 代玉启：《宣传思想文化工作的时代方位》，载于《人民论坛》2024 年第 1 期。

9. 贾丽民、刘路亚：《新时代党的宣传思想文化工作成就与经验研究》，载于《思想理论教育导刊》2023 年第 12 期。

10. 张士海：《习近平文化思想的鲜明特点》，载于《思想理论教育导刊》2023 年第 12 期。

11. 杨晓慧：《习近平文化思想的内在理路》，载于《马克思主义理论学科研究》2023 年第 12 期。

12. 田鹏颖：《习近平文化思想的世界观意义》，载于《中国特色社会主义研究》2023 年第 6 期。

13. 韩喜平、杨羽川：《新时代宣传思想文化工作的科学指南——学习贯彻习近平文化思想》，载于《思想理论教育》2023 年第 11 期。

14. 蔡春玲：《做好新时代宣传思想文化工作的理论与实践思考》，载于《中国特色社会主义研究》2018 年第 4 期。

（本案例由陈国辉、李雪完成）

第二编

历史观教育

本编内容旨在帮助读者关注和了解历史观教育的重要性和现实意义。我们秉承客观、中立、科学的原则,力求提供深入而全面的分析,希望能够引起广大读者对历史观教育的重视,增强社会各界对历史观教育的支持和认同。

【案例概述 2-1】

红军长征游戏《前进之路》开发 *

为庆祝中国共产党成立 100 周年和纪念红军长征胜利 85 周年，龙岩市于 2021 年 7 月 5 日正式推出纪念长征主题游戏——《前进之路》。

在这款游戏中，玩家将扮演长征大部队中的班长角色，领导自己的队伍不断前行。此外，《前进之路》也是一本详尽的长征百科全书。游戏内置的风物志系统巧妙地将长征途中的标志性历史人文景观转化为可收集的拼图，旨在激发玩家深入探究这些重要地点的历史与文化特色。更为值得一提的是，游戏还融合了长征问答、党史答题系统，将长征故事等党史知识的学习自然融入游戏过程之中。

为确保游戏的严谨性和历史准确性，研究团队在前期准备阶段深入研读了《中国共产党简史》《图说长征》等党史资料，并特邀党史专家提供专业指导。在游戏开发过程中，团队还面临如何在严肃性与娱乐性之间寻求最佳平衡的挑战。在美术风格上，团队最初设计了十余种方案，并广泛征求用户意见，最终确定了最合适的方案。在玩法设计上，团队更是集思广益，提出了五种不同的玩法方案，经过精心筛选，最终选择了学习成本低、易于大众上手的版本。

---

* 资料来源：《在游戏中重走长征：〈前进之路〉为我们带来了什么？》，载于今日头条，https://m.toutiao.com/article/6984306119732691494/，2021-07-13。

《前进之路》通过轻松有趣的游戏设计，有效激发了参与者的兴趣，使玩家在紧张刺激的体验中深入了解长征历史，从而在无形中受到红色文化的熏陶。

【案例分析】

以上内容主要讲述了红军长征游戏《前进之路》的开发过程，以及人们沉浸式、交互式的体验。从学科属性来看，这是一篇包含思想政治教育原理方法的文章，我们可以围绕思想政治教育载体创新、思想政治教育效果评估展开讨论。

《前进之路》游戏的开发，丰富了思想政治教育载体选择，是一种值得肯定的创新行为。这款游戏运用H5互动技术，它将红军长征的红色文化资源盘活，玩家在游戏过程的角色是一名班长，需要通过听从党的指挥、筹集资源、协调配合、艰难跋涉，才能取得长征胜利。相对于以往教材和书本的枯燥讲解和灌输，以及旁观者的视角，这款游戏使玩家以一名参与者视角去了解老一辈革命家在革命奋斗过程的艰辛和困苦，玩家"亲身经历"长征的艰辛，在玩游戏中更好地学习红色知识、弘扬革命精神，在红色资源中汲取精神成长养分，有利于培育玩家的爱国主义精神和家国情怀。此外，该游戏设计严谨，在红军长征资料方面作了很多研究，认真研究了《图说长征》《中国共产党简史》《长征》等出版物和影视剧，并请相关专家把关。这种剧情真实且严谨的游戏，有利于玩家树立正确的党史观，有效应对互联网上历史虚无主义以及歪曲党史事实的错误思潮。

这款游戏充分展示了寓教于乐的教育动机，它本身存在的意义是将游戏思维与历史知识相结合，向用户传递游戏在某种情况下也具有一定的教育功能。这是一种正向的价值观建构，有利于用户形成正确的游戏观念。从思想政治教育载体视角看，用游戏盘活红色资源，是思想政治教育的一种创新，也是价值观引领的一种创新。就此而言，思想政治教育者应学习游戏制作团队的工匠精神，善于创新思路和方法，及时更新思想政治教育内容和形式。

只有教育者不断提升自己的专业素养，潜心教书育人，才能为受教育者提供有思想、有温度、有深度的思想政治教育。该游戏制作团队为了满足不同社会群体和各种玩家的喜好，设计了十多种风格，不断提升该游戏的玩家接受度，在征求潜在用户意见之后，最终选择当前的风格。

在玩法方面，游戏制作团队邀请专业人士做技术指导，最初设计了4~5种玩法，但最终选择了轻松上手的轻度卡牌游戏和党史问题答题闯关，以迎合更多玩家的需求。作为思想政治教育者，应根据受教育者不同的个性化需求进行思想教育，广泛听取受教育者的意见，针对社会环境和受教育者群体需求的发展变化，及时创新思想政治教育内容和方法，牢记为党育人、为国育才的初心使命，全面提高人才自主培养质量。

如何有效评估参与游戏的受教育者所能获得的思想政治教育效果？这是该案例给广大思想政治教育者提出的深刻问题，值得我们认真思考。

中国音数协游戏工委发布的数据研究报告显示，截至2021年底，中国游戏用户数量接近7亿人，而《前进之路》游戏App的累计下载量仅为26万余次，玩家体验次数约为130万次。相较于游戏玩家数量庞大的基数，该游戏的下载量并不乐观。这不得不引发我们对该游戏适用性的反思。

首先，对于中小学生群体来说，学校的思想政治理论课是他们接受思想政治教育的主渠道。在这些课程中，教师不可能要求学生在课堂上用玩游戏的方法来学习党史知识。实际上，从周一到周五，学生基本无法接触到手机，更不用说玩游戏了。即使在周末可以放松的时候，相较于高度吸引力的游戏如《刺激战场》《王者荣耀》，又有多少学生会选择《前进之路》这种体验感、成就感和刺激感较低的游戏呢？

其次，对于大学生群体来说，由于他们已初步具备系统的知识结构，对长征和党史知识有一定的了解。即使需要学习某些方面的党史知识，B站、抖音、百度百科等各种平台都可以为其提供参考，这种获取知识的途径远比玩游戏更加高效。除非在特殊情况下，学校要求学生下载并体验该游戏以展示学习效果，否则大部分学生不太可能关注该游戏。

最后，对于其他社会群体来说，国有企事业单位可能会组织员工体验该游戏以进行红色文化教育，提高职工的思想政治水平。然而，对于私营企业和个体工商户来说，他们更关注企业利润以及个人的职业发展，员工的思想政治教育主要依靠官方主流媒体的价值引导，以及社会环境的教化作用，通过玩游戏而产生相应的教育意义，对这类群体的作用相对较小。

综上所述，可以看出，受教育者没有机会或者不愿意接触该游戏，那么又何谈它的适用性呢？

相较于传统的思政课，使用游戏进行思想政治教育的效果难以评估。其一，人们玩游戏的动机是为了放松和快乐，但通过游戏学习红色知识则成了一种考验。在游戏过程，人们可能只是为了赢得游戏而玩耍，追求胜利的成就感和喜悦，体验游戏的精心设计和漂亮图文，并不会在游戏中思考和体悟更深层次的含义和教育内涵。由于每个人的成长、阅历和认知能力不同，受教育者最终能体验到什么程度、理解了多少，是否符合制作团队或教育者的意图，仍然存在疑问。其二，这款游戏是否真正发挥了思想政治教育作用？游戏胜利是否就意味着学习了长征知识，达到了教育目的？显然不是。该游戏强调"线上线下计步交互"，只是形式和噱头，并没有在内容上带来新的突破。因此，将该游戏用于思想政治教育并不意味着内容上的创新，它只是改变了思想政治教育的形式。相比之下，参加红色旅游、亲身体验和感受才是更能打动受教育者的方式。例如，参观遵义会议会址、娄山关、赤水河，目睹红军前辈穿过的草鞋、盖过的半截被子，类似这样的亲身经历才能使人真正感受到老一辈革命家的艰辛以及今天幸福生活的来之不易。这样的体验更能激发受教育者的情感共鸣，让他们真切感受到革命精神的磅礴力量，树立正确的党史观和价值观。

基于此，思想政治教育应如何自处呢？

第一，思想政治教育者应当关注受教育者的特点，注意对受众群体进行分类。如果一款游戏的目标是适用于所有年龄段的受教育者，那么它注定无法适合所有人，因为任何教育只有在弄清楚受众之间的差异性需求之后才能真正发挥它的功能与价值。在运用游戏进行思想政治教育之前，我们需要真正了解目标受众的个性需求、审美趣味，并考虑他们的接受程度以及自身的身心发展规律。思想政治教育者应认真听取他们的建议，而不是在设计完成后再象征性地征求意见。

第二，思想政治教育者要运用好各类传播媒介，营造有助于思想政治教育实施的宏观环境。谁占领了网络传播阵地，谁就掌握了思想政治教育的主动权。思想政治教育者要有意识地根据不同圈层、不同层次的受教育者的特征和需求，进行分众化、个性化、精准化的思想政治教育，使思想政治教育内容遵循移动互联网的传播规律，使受教育者在风清气正的网络空间接受思想洗礼和价值引导，帮助他们树立正确的世界观、人生观、价值观。

第三，思想政治教育者需要将载体和内容有机结合，将科学的技术逻辑与思想政治教育的学科规律深度融合。从发展实际来看，思想政治教育数字化大多是"技术＋思政"的简单嫁接，是科技的炫技场，这在某种程度上遮蔽了思想政治教育的价值内涵。因此，思想政治教育者要根据时代更迭、学科发展、受教育者变化，不断创新思想内容，研究内在的教育规律，与专家团队探讨如何更好地将教育与科技结合起来，以更新颖、更合适的方式呈现数字化的思想政治教育内容。

第四，思想政治教育者需要构建科学的效果评估体系。跨学科开展团队建设已成为一种趋势，需要借鉴诸如心理学、神经科学、计算机科学、概率与统计等多学科知识，根据思想政治教育学科特点制定科学的评估量表，评估某种创新的思想政治教育方法是否有效，评估它可以给受教育者带来哪些影响和改变，以及是否有必要在某方面继续进行创新研究等。

【案例讨论】

1. 你玩过类似《前进之路》的功能性游戏吗？感受如何？你作何评价？
2. 你认为以游戏为载体进行思想政治教育是否有效？为什么？

3. 你觉得应该怎样评估思想政治教育的有效性？

4. 你认为智能时代思想政治教育应该怎样实现数字化转型？

【案例知识点】

1. 分众化

2. 个性化

3. 精准化

4. 思想政治教育载体创新

5. 思想政治教育评估体系

【教学建议】

1. 本案例可用于"思想政治教育载体创新"的教学，在比较传统思想政治教育与智能时代思想政治教育载体之间的异同之后，着重考察思想政治教育如何进行载体创新。

2. 在讲述本案例后，教师可组织学生收集对他们影响比较大、可信度高的思想政治教育内容来自哪些平台和载体，并比较这些载体之间的异同，加强学生对思想政治教育传播载体的了解。

【相关教学资源】

1. 中共中央党史和文献研究院：《中国共产党的一百年》，中共党史出版社 2022 年版。

2. 张国启、王蕴喆：《思想政治教育载体发展的理念变革》，载于《思想理论教育》2023 年第 8 期。

3. 金春媛、高地：《中国高校思想政治教育创新研究的内容、问题与展望》，载于《社会科学战线》2022 年第 6 期。

4. 陈卓：《论思想政治教育载体的实体性——以思想政治教育中载体与符号的关系为视角》，载于《思想教育研究》2021 年第 12 期。

5. 吴宏政：《21 世纪马克思主义世界历史观的叙事主题》，载于《中国社会科学》2021 年第 5 期。

6. 杨凤城：《以大历史观统领中共党史教育与教学》，载于《思想理论教育导刊》2021 年第 4 期。

7. 陈金龙：《大历史观视域下的中国共产党百年历史》，载于《求索》2021 年第 3 期。

8. 路宽：《大历史观的理论内涵与思想价值》，载于《科学社会主义》2021 年第 1 期。

9. 董振平、李志亮：《时代新人树立正确历史观的现实境遇与路径探析》，载于《思想理论教育》2019 年第 1 期。

（本案例由陈国辉、石丹丹完成）

【案例概述 2-2】

2021 年南京大屠杀死难者国家公祭日仪式系列 *

中共中央、国务院于 2021 年 12 月 13 日在南京举行南京大屠杀死难者国家公祭仪式。仪式在侵华日军南京大屠杀遇难同胞纪念馆集会广场举行，现场氛围庄严肃穆，国旗下半旗以示哀悼。公祭仪式参与者包括老战士、有关部门和组织代表、幸存者及其亲属、专家学者等共计约 3000 名代表。公祭仪式流程包括齐声高唱国歌、全场肃立默哀、敬献花圈、孙春兰同志讲话、宣读《和平宣言》以及撞响"和平大钟"等环节。中共中央政治局委员、国务院副总理孙春兰同志在讲话中强调，今天我们隆重举行南京大屠杀死难者国家公祭仪式，深切缅怀南京大屠杀死难者，缅怀所有惨遭日本侵略者杀戮的死难同胞，缅怀为中国人民抗日战争胜利献出生命的革命先烈和民族英雄，宣示中国人民以史为鉴、开创未来的庄严立场，表达坚定不移走和平发展道路的崇高愿望。

【案例分析】

这篇文章主要讲述了 2021 年国家公祭仪式直播以及一则关于南京大屠杀的历史创意短视频《穿越 84 年时空的对话》及其对受众的影响。案例背

---

* 资料来源：《中共中央国务院举行 2021 年南京大屠杀死难者国家公祭仪式》，载于中青在线，http：//mzqb.cyol.com/html/2021-12/14/content_311937.htm，2021-12-14。

后蕴含着关于思想政治教育传播媒介、思想政治教育场域转变、教育者与受教育者的互动关系，以及政治仪式的爱国主义教育功能等多方面的内容，值得我们深思和探讨。

国家公祭作为一种政治仪式，是对公众进行爱国主义教育的重要形式。2014年，我国正式以法律形式将12月13日确立为南京大屠杀死难者国家公祭日。国家公祭仪式是我国规格最高的、以法律规定的一种政治仪式。每年的国家公祭仪式既是对国家历史的追忆和铭记，也是对生者的抚慰及对和平的坚守。

举行南京大屠杀死难者国家公祭仪式，有利于增强集体记忆，强化人们的历史认同、民族认同、国家认同。国家公祭仪式是国家层面的纪念性仪式，是全国性的纪念仪式，仪式现场直播增强了人们的现实感并产生"在场效应"。在奏国歌、默哀、防空警报鸣笛、演奏《国家公祭献曲》的程序性过程中，人们逐步进入历史的记忆中，会因历史、苦难确认"我们"的边界，会让人们明白"我们"是一体的，中华民族是一体的，"我们"是荣辱与共的。也使现场的人们更加明白中国共产党是坚韧不拔的，她团结带领人民群众进行了14年不屈不挠的英勇抗战，并最终过上了今天国泰民安的幸福生活。

国家公祭仪式的现场直播增强了人们的情感体验，让人们懂得尊重生命、敬畏生命、珍爱生命。国家公祭仪式是庄严肃穆的场景，相对于以前的回放和听说，人们通过直播如亲临纪念仪式现场一样，可以看到"古城的灾难"雕塑、死难者名单墙、"冤魂的呐喊"雕塑等实物象征符号，刺激着人们的感官和神经，使人更能体会到30万苦难者的悲惨遭遇。84名少年铿锵有力地宣读着《和平宣言》，深刻表明人们珍视和平的愿望、捍卫和平的决心。这些历史的痛、民族的伤，无不激发着人们对历史、民族、国家的强烈认同，无不教导着人们敬畏生命、珍爱和平。举行国家公祭仪式不仅是为了铭记历史，提醒人们发愤图强，深刻理解社会主义核心价值观之"富强"的重要意义，而且是对国家公祭日蕴含的人本主义的传承，表明国家坚定不移走和平发展道路及捍卫世界和平的决心。

短视频超前预热和现场直播加深了人们对国家公祭仪式意义的理解，有益于营造良好的思想政治教育氛围。

短视频的超前预热加深了人们对国家公祭日的认识。关于国家公祭日的创意短视频《穿越84年时空的对话》，是在南京市委宣传部、市委网信办的指导下，由龙虎网制作并在2021年国家公祭日前一天发布的，引起广大网友的关注。视频遵循历史资料之史实，依托新媒体技术，采用手绘动漫与真人实景相结合的分屏创意形式，使两条主线中的人物穿越时空的限制得以相遇。在短视频中，人们可以看到当年南京漫天的战火硝烟与如今老东门一片祥和繁华的景象，在对比中让人们看到战争的残酷，看到和平的珍贵，看到历史的不可遗忘。

公祭仪式现场直播增进了人们对国家公祭仪式的理解。经过公祭仪式前的预热和宣传，人们对公祭仪式象征符号的意义多了一些了解，明白领导讲话、防空警报鸣笛、《国家公祭献曲》的演奏等语言象征符号内含着生者对死难者的哀思和悼念；懂得十字形标志碑、"古城的灾难"雕塑、"冤魂的呐喊"雕塑、国家公祭鼎、死难者名单墙等实物象征符号寄托的是死难者的历史，是国之殇，是侵华战争的铁证，具有不可侵犯和绝对庄严的意义；理解宣读《和平宣言》、敲和平大钟、放和平鸽等动作象征符号蕴含着国家和人民对生命的敬畏，对人本主义精神的传承，对战争的极力反对和捍卫世界和平的决心。在直播过程，随着公祭仪式的逐项进行，人们体悟着象征符号内含的意义，对自我具有规劝和警醒的作用，撞击着每个参与个体的心灵。

短视频在各平台网站的传播与发酵，加上公祭日当天的现场直播，一时间互联网上各平台、各社交媒体都传播着国家公祭日的视频和资料，使得人们纷纷参与其中，有的在朋友圈转发，有的在国家公祭网祭奠，营造了一个全民公祭的氛围，增强了人们对中华民族共同体的认同感，是一场典型的、具有深刻意义的爱国主义教育。

网上直播与讨论是思想政治教育的新场域。随着《穿越84年时空的对话》主题短视频的预热，加上公祭仪式的直播，一时间掀起了全民公祭的热潮。首先是在国家公祭网悼念。国家公祭仪式现场直播让人们有亲临现场的感觉，个人情感随着公祭仪式一步步深入的时候，思想、价值、信仰也在接受一次庄严肃穆的洗礼。思想政治教育并不是要求人们背诵多少精神，死记多少理念，而是需要人们在思想、政治、行动上作出真真切切的努力和改变。人们参与公祭仪式的直播过程，就是思想政治教育发挥作用的过程，是将传统的说教和灌输，改成音像画面的体验和感悟的过程。人们在参与公祭仪式直播后，有几千万人在国家公祭网参与网上点蜡烛、敲钟、献花圈等悼念活动。此时，思想政治教育场域从传统的线下宣传和说教，转移到了网上的虚拟场域，来自五湖四海的中华儿女都可以在网上参与祭奠活动，缅怀受苦受难的同胞。

在国家公祭日当天，各平台都在传播与南京大屠杀和国家公祭仪式相关的影视和短视频。抖音号"新华每日电讯"点赞量高达590多万次，其他官方账号点赞量动辄上百万次，诸多私人账号也发挥着意见领袖的作用，积极转发有关国家公祭仪式的视频资料。抖音号"小鱼视频"发布的国家公祭日视频的点赞量就高达890多万次，在讨论区有超过65万次的评论频次。人们在评论区点赞讨论、追悼，这些行为加强了受教育者之间的共情传播。有的网友还会转发相关资讯到自己的私人社交平台，将公祭仪式、悼念行为从国家高度和宏观视域，转变到个人微观领域，在朋辈之间产生了多向互动关系，强化了思想政治教育的实践效果。

在虚拟场域，思想政治教育面临许多不可控因素，公众情绪也有可能发生变化。有可能从开始的悲痛缅怀，慢慢对侵华国家产生仇视心理，当主观情绪代替了公共理性，极有可能带偏舆论导向，产生不理智行为。一部分网友肆意在网络空间发表过激言论，甚至发表历史虚无主义和美化侵华日军的不良言论。这是对历史的蔑视和践踏，也是对中华儿女情感的伤害。在网络空间，此种不良言论很容易被便捷的网络传播媒介扩大，不仅影响国家公祭仪式的爱国主义教育效果，而且也不利于增进中华民族共同体意识。对此，相关部门应利用网络信息技术溯源追查发表不当言论的个人，对其依法打击,并追究相关平台的监管责任。

如何让纪念仪式尽可能减少形式性,具有更好的思想政治教育意义?每年清明节和公祭日,很多人选择在网上献花、植树、敲钟以此来寄托哀思,并且转发朋友圈。诚然,朋友圈在一定程度上可以影响朋辈,具有一定的共情、教育效果。然而需要反思的是,这种行为是真正缅怀,还是盲目跟风?不管线上场景多么逼真,但虚拟的就是虚拟的,与自己亲临现场缅怀有着很大的差距。

因此,在清明节、公祭日等纪念性的日子,鼓励有条件的个人到当地红军纪念碑、烈士陵园参加扫墓、献花,到当地博物馆、爱国主义教育基地参观学习,重温历史,了解革命烈士的英雄事迹,增进爱国主义情感。若在公祭日举行纪念仪式对人们进行思想政治教育,建议让人们真真正正地参与纪念过程,在纪念仪式中增强情感体验,教育人们做一个有正确的国家观、历史观,有爱国情怀、责任担当的时代新人。

【案例讨论】

1. 你观看过国家公祭仪式直播吗?有什么感受?

2. 你是否参与过网上点蜡烛、植树等祭奠活动?

3. 你对朋友圈转发国家公祭相关的资料和视频怎么看?你是否会参与互动,为什么?

4. 相较于传统的线下讲授,你对在网上虚拟场域进行思想政治教育持什么态度?为什么?

5. 你觉得思想政治教育在网上传播过程应如何减少"噪声"?

【案例知识点】

1. 政治仪式

2. 象征仪式

3. 爱国主义教育

4. 思想政治教育环境

5. 思想政治教育场域

6. 思想政治教育传播媒介

7. 教育者与受教育者的互动关系

8. 政治仪式的爱国主义教育功能

【教学建议】

1. 本案例可用于"爱国主义教育"的教学，将传统的、线下的爱国主义教育说教，与网上虚拟场域中教育者与受教育者的多向互动进行比较，着重考虑思想政治教育对不同传播媒介的选择，以及由此产生的效果差异。

2. 在讲述本案例后，教师可组织学生收集整理思想政治教育在不同时代对传播媒介的不同选择，并比较它们的优缺点，加强学生对当前思想政治教育传播的理解。

【相关教学资源】

1. ［美］大卫·科泽：《仪式、政治与权力》，王海洲译，江苏人民出版社 2014 年版。

2. 思想政治教育学原理编写组：《思想政治教育学原理》，高等教育出版社 2018 年版。

3. 马敏：《政治象征》，中央编译出版社 2012 年版。

4. 薛洁：《国家荣誉体系：尊崇人民力量的政治象征系统》，载于《学海》2023 年第 5 期。

5. 李秋梅、龙柏林：《铸牢中华民族共同体意识的政治仪式维度》，载于《新疆社会科学》2021 年第 4 期。

6. 曾楠：《国家认同的生成考察：政治仪式的观念再生产视域》，载于《安徽师范大学学报（人文社会科学版）》2021年第1期。

7. 张瑜：《论思想政治教育传播媒介的主要特征、历史发展及其影响》，载于《思想理论教育导刊》2020年第12期。

8. 司忠华、仪式：《爱国主义教育的重要形式——以国家公祭仪式为例》，载于《思想政治教育研究》2019年第5期。

9. 刘波、汪盛玉：《论国家公祭仪式精神向微观思想政治教育的转换》，载于《思想政治教育研究》2017年第3期。

（本案例由陈国辉、石丹丹完成）

第三编
学校管理与教育教学

　　本编内容深入剖析了学校教育教学过程中暴露出的思想政治教育问题，旨在帮助读者深刻理解思想政治教育的丰富内涵和实践要求。我们坚持理论联系实际、注重实践应用的原则，希望读者通过学习，能够更好地把握思想政治教育在学校管理与教育教学中的关键节点，提升自身发现问题、分析问题和解决问题的能力。

【案例概述 3-1】

网课女老师之死和赛博爆破者之谜*

2022年11月2日，一位昵称为"小小沼泽酱"的微博用户发布微博表示，自己的母亲，河南新郑三中的历史老师刘老师在上网课期间，遭遇了不明身份者的入侵，这些入侵者在直播中播放音乐、大声喧哗，甚至出言辱骂，入侵行为持续时间长达40多分钟，对刘老师造成了极大的心理压力，最终不堪其扰草草结束课程，在经历了网课入侵后不久，刘老师被发现猝死在家中。

入侵者是一群网络边缘人，他们称自己为"赛博爆破者"，其行为具有明确的目的性，即通过捣乱、辱骂等方式干扰线上课堂的正常进行，以扰乱网课秩序为乐，部分"赛博爆破者"甚至以此为业，通过提供"爆破"服务赚取费用。

这一事件不仅引起了社会的广泛关注，也引发了人们对网络暴力、教育安全等问题的深入思考。"赛博爆破者"的行为不仅侵犯了他人的合法权益，也严重破坏了网络空间的秩序和安全。因此，我们需要加强对网络空间的监管，维护网络空间的和谐稳定。同时，也需要加强对学生的教育引导，提高他们的网络安全意识和自我保护能力。

---

* 资料来源：《女教师因"网课爆破"猝死，能否对网暴者追究刑责？》，载于腾讯网，https://new.qq.com/rain/a/20240126A02J6R00，2024-01-26。

【案例分析】

　　这篇文章主要讨论了数字技术滥用对教育及社会造成的冲击。从问题指向来看，这是一篇讨论社会问题和科学技术的文章，但从中显现出的技术弊端也不乏思想政治教育原理与方法的内容，值得网络思想政治教育、思想政治教育数字化转型领域的研究者借鉴和参考。

　　在数字时代，如何利用数字技术改进现实中人的生活方式和思维方式，这个问题涉及数字技术合理利用的问题。在新冠疫情期间，上网课成为教育领域的普遍选择。郑州历史教师刘老师遭遇"网课入侵"猝死，暴露出的是数字技术运用的两面性。数字技术何以成为杀害人的"帮凶"？这是多方面因素造成的结果。数字技术背后蕴含着趋利的特质，过度关注利益得失会使数字技术走向异化，危及人的主体位置，制约人的生存发展。

　　通常来说，技术的初衷是造福人类。以人工智能、大数据、5G等为典型的数字技术在经济、政治、文化、乡村振兴、企业转型、电商运行等多领域的成功应用，彰显着数字技术的确可以为人们的生活带来福利，也为中国建设数字强国奠定了重要基础。但是，数字技术是把"双刃剑"，在合理范围内使用会造福人类，在超范围内使用则会危害社会。

　　"网课爆破"是技术异化的典型，它不仅破坏了正常的教学秩序，而且为教育数字化提供了错误范式，需要人们重视并竭力避免此类问题。因此，为了有效应对技术异化，我们需要在两个方面做出努力。一方面，需要合理规划资本的运用范围。数字技术的实践应用离不开资本的支持，资本为数字技术实践提供了助力条件。在数字技术领域，我们需要对资本进行严格控制，设定准入门槛，积极引导可进入领域的资本，合理规避不适宜进入领域的资本。另一方面，在教育领域引入数字技术应以"立德树人"为根本。思想政治教育者需要充分认识到数字技术本身的局限性，在数字化应用场景中构建主流意识形态的运行模式与实现机制，不断提升数据收集、整合、分析、评估和利用能力，避免为了数字化而盲目数字化，从而遮蔽了思想政治教育的主导性、主体性、人文性。也就是说，在教育领域应用数字技术时，不能将资本放在首位，而是要充分尊重教育者的主体地位，把育人视为根本，超越经济利益，防止技术异化可能引发的育人危机。

"网课爆破"反映了思想政治教育者在数字化方面的薄弱能力，即难以有效利用媒介传播知识和把控课堂。一些年长的思想政治教育者不能熟练运用新兴技术传播内容知识，缺乏对数字化平台的应用能力，从而为"爆破徒"提供了可乘之机。因此，思想政治教育数字化转型的一个关键就是思想政治教育者要先进行"数字化转型"，加强对数字化转型内容的理解，提升自身利用数字化平台和对数字化内容编码的能力。同时，思想政治教育者面对的是社会最活跃的学生群体，必须深刻认识到教育对象数字化生存的动态变化，不断转换、更新教育理念，着力提升数字化育人能力，围绕新兴数字技术探索人机互动、情景交融、可视化内容和精准化教学等模式，运用 AI 智能、虚拟现实、增强现实、模拟仿真、智能测评强化个性化和精准化育人效果，增强主流意识形态的凝聚力和引领力，提升思想政治教育传播力。

"网课爆破"事件的发生，在一定程度上是由于网课平台监管不严造成的。作为承载知识传递的重要平台，网课平台需要对用户进行严格管理。"网课爆破"的出现，表明平台对信息内容和用户信息的管控并不严格。刘老师多次遭受"网课爆破"，而平台作为监管责任方，疏于管理，未能有效引导，最终导致刘老师无法承受网络暴力而猝死。

近年来，因遭受网暴而抑郁自杀的案例屡见不鲜，然而平台作为监管者却任由事态发展，未采取相应的管控措施，对这种无所作为的态度必须进行批评和谴责。新冠疫情期间，教育者利用数字平台向学生传递内容，这也意味着数字平台作为教育中介承担着重要的知识传递角色。然而，"网课爆破"不仅给教育者带来困扰，而且危害了学生的身心健康。"爆破手"通过一系列极端手段扰乱网络课堂秩序，播放与课堂无关的音频，这些行为存在不良诱导和负面内容，对于尚未形成理性价值观的学生带来巨大危害，需要平台方予以重视和监管。首先，修补程序漏洞，防止"爆破"攻击；其次，强化平台监管力度，及时制止数字化平台的攻击行为，并将破坏者用户清除出平台；再次，积极引导用户树立正确的价值观，自觉抵制"网课爆破"不良行为；最后，科学化、制度化规范运营，建立规则制度以严格管理，利用技术手段屏蔽过激言论，防范危险行为的发生。

"网课爆破"现象背后是现实人出现了问题。一方面，"爆破手"的思想政治教育存在问题。他们利用自己对数字化平台的了解和熟悉，攻击正常的网络教学行为，扰乱了正常的教学秩序，给教育教学以及在社会层面造成了负面影响。这实际上是"爆破手"综合素质不高的表现，他们以"爆破"网课为乐和谋利，不考虑该行为带来的不良后果，反映了"爆破手"自身思想政治教育的缺位。另一方面，部分学生的思想政治教育存在问题。一些中学生利用网络将上课会议号和密码传播出去，请求网友帮助实施"爆破"，甚至专门组建QQ群进行有组织和规律的"爆破"，这反映了思想政治教育在这些学生身上的"不到位"。学生的"天职"是学习，但这些学生却求助网友干扰正常的教学活动秩序。现实人的问题在整个思想政治教育过程中具有重要影响，它是开展一切思想政治教育活动的出发点和落脚点。只有解决现实人存在的问题，各种问题才能逐一被妥善解决。如果现实人能够健康地成长与发展，那么虚拟空间中的思想政治教育问题也会随之减少。

因此，要将现实人的思想政治教育放在核心位置。第一，牢牢把握现实人的发展动态，采用合理方法创新教学方式，以解决现实人的思想政治教育问题。第二，扩大思想政治教育传播范围，包括学生和网友在内，针对不同主体的思想政治教育问题，采取精准的应对措施。第三，增强思想政治的传播力。传播力是指主体对信息进行解码和编码的能力，以及对社会或公众产生的影响力和可能的效果。思想政治教育传播力需要综合提升传播内容的吸引力、传播主体的解码和编码能力、传播对象的主体动力、传播方式的整合力。

【案例讨论】

1. 你主要通过什么途径学习思想政治教育内容？
2. 你认为思想政治教育数字化平台应该如何加强监管？由谁来监管？
3. 你认为数字技术会对思想政治教育带来危机吗？为什么？
4. 你认为思想政治教育如何解决数字技术衍生出的棘手问题？
5. 你认为如何才能做好现实人的思想政治教育？

【案例知识点】

1. 技术异化
2. 数字平台
3. 思想政治教育有效性
4. 现实人的思想政治教育

【教学建议】

1. 本案例可用于"思想政治教育人"的教学，在探讨数字技术为思想政治教育带来的风险之后，着重考察思想政治教育如何应对数字技术威胁，以及思想政治教育如何在数字化转型中增强传播力的问题。

2. 在讲述本案例后，教师可组织学生以具体数字技术为切入点，展开一次关于利用数字技术传播思想政治教育的实践体验，在实践中系统把握数字技术赋能思想政治教育带来的红利，在现实中增强学生的思想政治教育获得感。

3. 在课后，教师要对数字技术知识内容进行分析和总结，引导学生理性评价数字技术，在潜移默化中提高学生的数字素养，增强学生自觉抵御错误思想观念的能力，解决现实人的思想政治教育"不到位"的问题。

【相关教学资源】

1. 沈壮海：《新编思想政治教育学原理》，中国人民大学出版社 2022 年版。

2. 张勇、张玲：《新时代思想政治教育创新研究》，中国社会科学出版社 2019 年版。

3. 孙全胜：《数字空间生产中的技术异化及破解》，载于《学术界》2023 年第 10 期。

4. 彭勃、刘旭：《破解基层治理的协同难题：数字化平台的条块统合路径》，载于《理论与改革》2022 年第 5 期。

5. 赵丽涛：《思想政治教育数字化转型的范式构建与优化逻辑》，载于《思想理论教育》2022 年第 2 期。

6. 韩涛泽：《当代数字资本主义的技术异化及其诊治——基于马克思和海德格尔的观点》，载于《当代世界社会主义问题》2022 年第 2 期。

7. 苗争鸣、尹西明、许展玮、陈劲：《颠覆性技术异化及其治理研究——以"深度伪造"技术的典型化事实为例》，载于《科学学与科学技术管理》2020 年第 12 期。

8. 熊钰：《增强网络思想政治教育传播实效的四个维度》，载于《思想政治教育研究》2020 年第 4 期。

9. 闫坤如：《人工智能技术异化及其本质探源》，载于《上海师范大学学报（哲学社会科学版）》2020 年第 3 期。

10. 刘新刚、裴振磊：《虚拟现实技术运用于思想政治教育的学理考察——以马克思现实人理论为视角》，载于《思想教育研究》2017 年第 9 期。

（本案例由陈国辉、王小叶完成）

【案例概述 3-2】

人教版数学教材插图引争议，教育部教材局已介入调查*

2022年5月26日，关于人教版数学教材的争议迅速升温，其主要原因在于教材插图的画风引发了广泛质疑，并迅速成为公众热议的焦点。网络流传的图片显示，这些插画中的人物形象存在显著的五官扭曲、姿势不雅等问题，且部分插图中的人物着装上存在不适宜呈现的内容，甚至涉及国旗倒挂等严重问题，这些现象均对公众审美造成了不良影响，并引发了家长及网友的强烈不满与担忧，担心其可能对小学生的心理健康及审美观念造成负面影响。

针对此事件，教育部与人教社迅速采取行动。教育部成立了调查处置工作组，对人教版小学数学教材的插图问题进行了全面而深入的调查核实。人教社则明确表示将立即启动整改程序，包括重新绘制教材插图、优化画风与技法，并致力于提升整体艺术水准，以充分发挥教材封面及插图的正面教育作用。同时，人教社还表达了接受社会各界监督的诚恳态度。

2022年8月22日，教育部通报了对人民教育出版社小学数学教材插图问题的调查处理情况，宣布对有关单位及27名失职失责人员进行追责问责。经严格调查，教育部确认教材插图主要存在三方面的问题：不美观向上，与

---

* 资料来源：《小学教材插图连上7条热搜，人教社回应了》，载于光明网，https://m.gmw.cn/2022-05/26/content_1302966079.htm，2021-05-26。

立德树人根本要求存在差距；不严肃规范，个别插图甚至存在错误；不细致准确，部分插图容易引人误读。

【案例分析】

  2022年5月，有关人教版小学教材封面、插图画风丑陋，错误使用国旗、国家地图登上微博热搜，引起网友强烈不满，甚至谩骂。虽然相关部门进行了回应，但并未平息网友的愤怒情绪。8月22日，《人民日报》发布了关于"教育部通报教材插图问题调查结果"的报道，对27个相关责任人进行了问责追责，这一事件的前因后果再次成为大众的关注焦点。

  从思想政治教育学科视角审视"毒教材"事件，不难发现其中呈现出许多思想政治教育问题，可以从以下几个方面进行探究。

  第一，在热点事件以秒为时间单位发酵的时代，思想政治教育如何利用舆情及时发挥引导作用？基于算法与大数据技术的发展，信息得以超速传播，人们总能在第一时间关注到热点话题，并成为兢兢业业的"吃瓜群众"。网民"随风而动"，思想政治教育势必"随网民之动而动"。就目前的舆情处理来说，思想政治教育没有做到应时、应势而动。网民的思想行为处在动态发展之中，而思想政治教育仍是"静若处子"，一动一静之间，思想政治教育在舆情处理上的时、度、效作用并未完全发挥出来。在"毒教材"事件发酵过程中，多数网民持嘲讽、怀疑态度，并对相关部门进行言辞激烈的抨击。在这一过程，少见，甚至未见有正确的引导性发言，更不用说思想政治教育者抓住舆情处理黄金期对网民进行舆论引导。那么，在信息快速传播与不断变化的条件下，如何把握舆情、利用舆情并及时发挥思想政治教育的引导作用呢？

  一方面，建立热点关注与监控机制，及时了解舆情动态，预测其走向，并在事件发酵之前做好把控准备。网络热点是一种广为人知的事件，它在网络媒体上快速传播并吸引大众参与，无论是在不同类型的论坛、贴吧、网站，还是通过社交平台的转载和分享，都会引起人们的普遍关注。在全民入网的时代，网民对热点事件的抓取和关注是全天候的，无论是清晨还是深夜，每一个热点都有可能受到关注并通过网络发酵。如果这些热点背后有资本的操控和把持，甚至是颠覆性观念的强势介入和诱导，煽动网民负面情绪，就会对网络空间意识形态领导权构成威胁。网络空间是人们的第二生存空间。在这里，个人的视野无限延伸，发声触及千里，一言一语都可以反映出人们的思想行为动向。只有熟知网民的思想动态和心理特点，才能准确研判网络舆论热点，掌握互联网的主动权和主导权。

另一方面，官方媒体快速发声、积极回应，合力传播主流声音。以"毒教材"事件为例，官方媒体可能已经发声，但因为发声力度不够大、范围太小，并没有起到理想中的舆论引导效果，甚至有时候产生了反作用，让公众误认为官方媒体在"护短"。同时，公众受到信息传播中"茧房效应"的影响，此时若不能及时对人们的负面情绪进行疏导，极有可能导致一部分群体对官方通报内容产生怀疑和不信任。由此可以看出，当前人们接收的信息多数来自智能算法与大数据的精准推送，人们越是浏览相似信息与观点，其所接收的内容就越是精准符合当下人们的所思所想，人们走进了"信息茧房"，价值观在看似开放而实则封闭的圈层中逐渐形成。

如何"破茧"是官方媒体发声的难题，也是思想政治教育如何入脑入心的难题。近年来，官方媒体不断创新发声方式，入驻年轻一代常用的"抖音""微博""小红书""知乎"等网络平台。这些平台拥有不同的受众，官方媒体在面对民众关注的热点话题时，若能及时在多个平台账号同时发声，就能影响不同的受众群体，扩大主流声音的传播范围，最大程度实现主流价值观在网络空间的有效引导。前段时间抖音流行的背景音乐之一《萌妹的代表词》就是以正向热点控制消极热点的代表。这首歌曲片段原本被一些网红以舞蹈的方式进行视频传播，但后来被抖音号"中国军号"的解放军新闻传播中心官方账号使用，制作了关于中国战机的视频，并带动"共青团中央""中国军工""中核集团"等官方抖音号制作相关视频。这些视频被网友熟知并快速传播，人们笑谈其为"官方整活儿"，极大消解了之前的负能量，这是官方媒体在网络平台上合力发声的成功范例。官方媒体既要进入不同的媒体平台，也要加大运营力度与效度，对不同平台受众进行形式不一、价值一致的引导，这才是发声的意义所在。

第二，在后真相时代，人们更注重情感宣泄而非辨明真假，思想政治教育应如何看待"重情感轻真相"的问题？以 2016 年英国脱欧和特朗普当选美国总统等"黑天鹅"事件为标志，《牛津词典》宣布"后真相"时代来临。在"毒教材"事件中，一部分网民在真相不明之前，就发言嘲讽、抨击教育体制，这种重情感轻真相的现象使得网民更多沉迷于网络直播、偶像应援、"超级话题"等感官盛宴，迷失在一种非理性、情感化的误区之中，沉浸在"泛娱乐化"的数字景观之中，从而失去了对人生意义和理想信念的追寻。

从这一现象的消极方面来看，网友一味注重情感的宣泄，虽达到短暂的身心畅快，但长此以往，易形成"以暴制暴"的处理方式。用网不理智、不理性若成为主流，将导致整个互联网世界的混乱，影响到现实物理世界的正常生活。但网民重情感轻真相未必没有给我们带来一定的现实启发。思想政治教育是育人的工作，既具备政治性、意识形态性，还具有情感导向，在育人活动中调动受教育者的情感，能够有效提升思政教育的效度、信度、力度，网民也能感受到思想政治教育的温度。从思想政治教育的情感导向来看，网友重情感更有益于思想政治教育者从网民群体的情感重心入手，抓住网民在事件背后的深层次情感需求，在满足其需求的同时，还可以用不同的思想政治教育方法渗透主流价值，让网民对真相由视而不见到物理接收再到心理的吸收与认同。

第三，微博热搜信息的碎片化传播，将会给思想政治教育带来何种危机？我们处在信息光速传播的时代，也处在信息碎片化传播的时代。就"毒教材"事件来看，微博热搜存在不超过三天，热度就会逐日递减，不超过一周，就仿佛没有出现过一样。微博实时热搜号称每十分钟刷新一次，这实际上就是对海量数据的碎片化选择和传播。如今，快节奏的生活方式使人们将时间切割成碎片化的小段，难以抽出大块时间对某些问题进行深入细致的思考，庞杂信息的碎片化传播与接收促使人们习惯于通过搜索、提问和交互式方法，分层次、分类别、分喜好"按需取餐"以获取知识和信息。人们在零碎时间中以短、平、快的方式了解世界，以分、秒为单位完成信息的更新，很难对书籍、报刊、新闻进行系统化阅读。受众在获取知识和信息的同时，常使用各种信息检索工具，这些工具会根据念索字数和搜索习惯推送相似的信息。碎片化信息传播的一个问题就是受众会陷入某一个信息圈层。碎片化信息充斥在人们生活的各个方面，对受众带来负面影响的同时也阻碍着思想政治教育的顺利开展。在碎片化信息的冲击下，思想政治教育面临无法延长教育影响有效期的问题，碎片化信息传播的匿名性、多向性和无序性易导致网络谣言、舆论旋涡和热点炒作等问题的出现。人们习以为常地"刷"视频、"看"道理，但下一秒的新鲜事物会立即覆盖前一秒所接收的信息。如何将这些短效刺激转变为思想政治教育长效的育人效果，就成为碎片化信息传播带给思想政治教育的主要挑战，也是思想政治教育何以实现高质量发展的重要课题。

【案例讨论】

1. 你认为"官方整活儿"的"出圈"行为能够复刻吗？
2. 你遇见过"重情感轻真相"的情况吗？你怎样看待这一现象？
3. 试比较传统官媒与智能时代官媒的异同。
4. 你认为信息的"碎片化"传播带给你最大的影响是什么？
5. 如何看待当前网络空间的思想政治教育成效。

【案例知识点】

1. "后真相"
2. 思想政治教育传播

3. 舆论引导

4. 价值观教育

5. 信息碎片化

【教学建议】

本案例可用于"思想政治教育传播"的教学，教师可着重考察思想政治教育者的媒介素养，在"后真相"时代思想政治教育的危与机中把握育人的时代任务。

【相关教学资源】

1. 李仁涵、黄庆桥：《人工智能与价值观》，上海交通大学出版社 2021 年版。

2. 李琪、陆卓涛、张雨强、王丹艺：《高质量教材建设何以可能？——基于政策工具分析视角》，载于《教育科学研究》2023 年第 10 期。

3. 王娇娇、张增田：《新时代我国中小学教材建设：成就、问题与建议》，载于《教育科学研究》2023 年第 10 期。

4. 陈煌、杨兆山：《"教以善成"：教材建设的伦理路向及其有效治理》[J]. 载于《课程·教材·教法》2023 年第 7 期。

5. 罗生全、张玉：《教材建设国家事权的基本思想及品格特征》，载于《教育研究与实验》2023 年第 4 期。

6. 唐检云、卢瑞琳：《课程思政理念下教材建设再思考》，载于《中国出版》2023 年第 3 期。

7. 徐强：《融媒体时代提升碎片化传播质效探析》，载于《青年记者》2022 年第 10 期。

8. 张阳：《智媒时代高校思想政治教育：现实审视与创新路向》，载于

《思想理论教育》2022年第5期。

9. 刘鹏、王坤：《"后真相"时代网络空间主流意识形态安全面临的挑战与应对》，载于《福建论坛（人文社会科学版）》2022年第4期。

10. 李腾凯：《"后真相"时代青年政治认同的困境及其应对》，载于《中国青年研究》2019年第10期。

11. 郭小安：《公共舆论中的情绪、偏见及"聚合的奇迹"——从"后真相"概念说起》，载于《国际新闻界》2019年第1期。

12. 张庆园、程雯卿：《回归事实与价值二分法：反思自媒体时代的后真相及其原理》，载于《新闻与传播研究》2018年第9期。

（本案例由陈国辉、丁霞完成）

【案例概述 3-3】

不买平板电脑的孩子难进"智慧班"？查！*

国务院第九次大督查第一督查组在山西省调研发现，当地多所学校打着"自愿"的幌子，向家长推销与第三方合作的"智慧课堂"，诱导学生家长购买平板电脑资源服务，缴纳费用 8800 元。家长如果购买，合作公司就会"赠送"一台定制平板电脑，孩子就能进入所谓的"智慧班"。有的学校甚至公然为相关企业"搭台唱戏"推广学习软件，以学生购买平板电脑及学习软件作为分班依据。

督查组表示，在山西省部分学校推进"平板教学"实践的过程中，存在以暗示或变相强制手段要求学生购置网络学习资源及捆绑销售平板电脑的问题，此举严重违背了教育部等五部门《关于进一步加强和规范教育收费管理的意见》中"不得强制或者暗示学生及家长购买指定的教辅软件或资料"和教育部等八部门《关于引导规范教育移动互联网应用有序健康发展的意见》中"作为教学、管理工具要求统一使用的教育移动应用，不得向学生及家长收取任何费用"等规定。

督查组认为，这些学校的做法不仅导致过度依赖电子产品教学，进而可能损害青少年视力健康，而且存在违规依据"平板教学"进行分班的问题，

---

* 资料来源：《不买平板电脑的孩子难进"智慧班"？查！》，载于光明网，https://m.gmw.cn/2022-08/30/content_1303115875.htm，2022-08-30。

更为严重的是，强制推销行为极易滋生腐败问题。

【案例分析】

这个案例反映了教育现代化和信息化进程中，教育生态遭到资本破坏，以及转型过程中存在的教育不公平问题。

案例中用是否购买平板电脑来分班，说明我国教育数字化转型仍处于起步阶段。《中国教育报》指出，教育数字化转型要实现从起步、应用和融合数字技术，到树立数字化意识和思维，培养数字化能力和方法，构建智慧教育发展生态，形成数字治理体系和机制。也就是说，数字化转型是一个从技术到思维再到生态逐步深化的过程。从横向覆盖面来看，数字化转型包括教育主体、客体、内容、目标、方式、情境等要素的转型；从纵向深度来看，包括各个要素的现代化转型而形成的内在结构转变，形成以数字信息和多维场景为驱动的新场景和新生态。

之所以出现以学生是否拥有平板电脑作为分班依据，与信息技术变革的过程有关。在这个过程中，通常是先有场景化应用，然后才逐渐引发思维的变革。然而，人们在运用技术工具时，存在工具理性与价值理性的偏差，导致在数字化、信息化进程中过于注重工具的运用，忽视了教育的理性价值。这使得人在教育过程中被动地围绕技术，被动地适应技术工具和场景应用。在构建思想政治教育数字化转型的新生态中，我们必须准确对接受教育者的发展需求。数字化的目标不仅是简单地将数字化技术与思想政治教育结合起来，而且是根据受教育者的需求，利用数字化技术推动思想政治教育发展，促进学生成长成才。因此，构建以人为核心的思想政治教育数字化转型至关重要。

在本案例中，不公平分配不仅体现在是否拥有数字化产品上，还体现在对这些资源的有效利用上。一般而言，数字化产品使那些懂得如何利用资源的学生获得更多进步机会，那些不懂得如何利用资源的学生可能无法使数字化产品真正发挥作用，逐渐沉迷在数字化产品的娱乐功能之中，甚至深陷数字鸿沟不能自拔。在中小学阶段，数字鸿沟表现为是否拥有平板电脑等数字技术产品，而在青年群体中，则表现为是否具备获取互联网上各种信息资源的搜索能力。在这里，平板电脑成为衡量是否拥有数字资源的标准，家长和学生被迫卷入这种形式化的竞争之中。尽管人们可以在互联网世界畅游，但却受到算法的监控，将自身生活细分为各个方面供人审视，受到各方标签的限制，并感到焦虑和不安。

数字时代似乎给人们带来了无限可能，学生可以通过数字化资源和产品进行多方面、多维度的学习，但同时也陷入了一种空虚和迷茫，似乎只有在对资源的无限追求中才能获得满足。然而，现实世界的资源总是有限的，人们陷入对有限资源的恶性竞争，导致青年一代的焦虑和困惑。这为思想政治教育带来了新的问题——在数字时代如何处理社会主流价值观念与个人精神世界的相互关系？这种新情况，并非由于人们对思想政治教育内容产生了质疑，而是思想政治教育在数字时代与个人的现实境遇产生了割裂。

面对新的问题域，思想政治教育要在数字时代寻找答案。思想和行为是有效开展思想政治教育的两个维度，数字技术利用自身优势可以较为准确地捕捉人们思想和行为的变化规律，从而使思想政治教育更具针对性。这是数字技术在思想政治教育领域得以广泛应用的现实意义。

教育者和受教育者均需要拥抱数字化理念。对于教育者而言，他们在思想政治教育活动中扮演着引导者的角色，并非旁观者。教育者在利用数字技术开展思想政治教育活动时，应体现对受教育者的关怀和尊重，预见和引导虚拟场景与现实场景的交互情况，充分发挥学生的主体性，提升他们的参与感。对于受教育者而言，尤其是那些长期深陷数字技术之中的青年群体，他们不应该被动地接受数字化对现实生存的挑战，思想政治教育在其中应起到疏通和引导的作用。一方面，思想政治教育者要善于疏解人们在数字时代的心理困惑，使人们立足实际情况分析问题，理性看待数字技术在发展过程的必然性和偶然性；另一方面，思想政治教育者要注重培养青年群体利用马克思主义立场、观点、方法分析和解决问题的能力，引导青年群体看到数字时代更为广阔的发展空间，以及其中正在孕育的积极因素，找准个人的价值方位，通过多样化的方式实现自身价值。

在本案例中，资本对教育生态造成破坏，如何避免技术对人的思维和行动产生异化，并防止思想政治教育目标的偏离呢？

无论是数字化转型还是其他新兴技术应用于思想政治教育，它们的价值始点和归宿都应服务于思想政治教育的目标，更好地促进人的全面发展。然而，在资本逻辑下，科学技术的发展出现了异化，技术在运用过程中也发生了价值偏离。数字技术背后的工具理性所秉持的功利主义和实利主义，造就了现代人对现实世界的无批判的顺应态度。然而，思想政治教育数字化转型不仅是技术在教育领域的改革创新，也不只是一种工具价值的运用，而应该是人文事业的进一步发展。思想政治教育数字化转型要改变人们被动接受数字信息的现状，着眼于提升人们的数字素养，提升人们运用数据的能力，打造更多具备数字产出能力的思想政治教育者，激发人们在数字社会的创造性。因此，要发挥人的创造性作用，构建健康、稳定、有序的思想政治教育数字化技术应用生态。

除此之外，思想政治教育数字化转型丕要防范资本的过度介入。资本一旦过度介入教育，就会把教育变成一桩买卖，就会遭遇案例中的问题。这就需要从源头上把控好教育生态，引导相关数字技术企业发挥资本的积极作用，杜绝资本在教育行业的无序介入和扩张，加强数字化转型过程的监督监管，依法依规治理数字化转型中的种种乱象。

【案例讨论】

1. 你接触过数字化场景下的思想政治教育吗？你认为它与传统思想政治教育有何不同？

2. 思想政治教育在数字化转型中会面临哪些挑战？如何解决这些问题？

3. 你认为数字化技术给思想政治教育带来了哪些机遇？我们应当如何利用机遇？

4. 针对数字时代人们的焦虑和困惑，你认为思想政治教育应当如何开展？

【案例知识点】

1. 数字化转型
2. 思想和行为
3. 思想政治教育价值
4. 工具理性和价值理性

【教学建议】

1. 本案例可用于"思想政治教育价值"的教学，在对比不同时代思想政治教育的特点中，分析数字时代思想政治教育的价值和作用。

2. 在讲述本案例后，教师可以在学习通 App 上发布"数字化时代'我'的思想困惑"专题讨论，选取频率最高的关键词进行专题教学。

3. 请同学们搜集其他国家有关教育数字化和公民教育数字化的案例，总结域外成果和经验，并分析我们可以从哪些方面进行有益借鉴。

【相关教学资源】

1. ［美］尼古拉·尼葛洛庞帝：《数字化生存》，胡泳、范海燕译，电子工业出版社 2017 年版。

2. 郝文武：《高质量教育公平的本质特征与价值追求》，载于《教育研究》2023 年第 10 期。

3. 许恒、黄超凡、王雅琪、王宜熙、梁爽：《数字化发展对教育公平的影响研究：理论机制与运行路径》，载于《中国电化教育》2023 年第 10 期。

4. 彭红超、祝智庭、郑珊珊：《信息化促进基础教育公平发展的测量框架研究》，载于《电化教育研究》2023 年第 9 期。

5. 李玉顺、安欣、代帅、刘晓慧：《数字教育促进教育公平实践的反思》，载于《开放教育研究》2023 年第 3 期。

6. 吴凯：《思想政治教育数字转型论析》，载于《思想教育研究》2023 年第 2 期。

7. 胡华：《课堂对话如何促进教育公平实践——基于社会文化理论的考察》，载于《现代远程教育研究》2023 年第 1 期。

8. 蓝江：《数字社会转型中如何理解与化解青年焦虑》，载于《人民论坛》2022 年第 19 期。

9. 胡姣、彭红超、祝智庭：《教育数字化转型的现实困境与突破路径》，载于《现代远程教育研究》2022 年第 5 期。

10. 赵丽涛：《思想政治教育数字化转型的范式构建与优化逻辑》，载于《思想理论教育》2022 年第 2 期。

（本案例由陈国辉、吴霞完成）

【案例概述 3-4】

学霸退学后*

詹敏从小生活在姐姐的光环之下，家中所有的优质资源都偏向姐姐。每当她与姐姐发生争执，父母总会说"你是妹妹，你要让着姐姐"。詹敏初中毕业考试时是应届生中全校第一名，但因为家里条件有限，父母选择让中考全县第二名的姐姐读高中、考大学。高中时，姐姐想学文科，被父母逼着学理科，后来陷入抑郁，在家学习了一年半，没考上大学。出成绩第二天姐姐就吞了安眠药，被抢救回来。后来父母让她去复读，她嘴上答应下来，又在一个小旅馆自杀了一次，再次被救回来后，因为没有及时干预心理问题，病情越发严重，时不时会狂躁、打人。姐姐最后需终生服药，无法正常工作生活，现在被88岁的母亲像小孩一样照顾着。

蒋逸雯是詹敏的女儿，高中生活一度使她倍感压抑，最终她选择了休学。在休学期间，她尝试发起了一个名为"夏山计划"的项目，希望借鉴英国夏山学校的模式，为那些无法适应主流学校教育的孩子提供一个全新的学习环境。然而，由于缺乏经验和资金支持，项目以失败告终。后来，她选择了一条更加艰难的道路——通过自考获得了云南师范大学英语专科的证书。她还希望通过自己的努力，获得本科学位，拥有学习服装设计的机会。

---

* 资料来源：《学霸退学后》，载于中青在线，http://news.cyol.com/gb/articles/2022-08-31/content_x09R6iVxP.html，2022-08-31。

蒋逸雯的好友李美琪，曾是一名品学兼优的学生，但高三的压力让她无法承受。在老师和校长多次劝说后，她仍然选择了退学。退学后的李美琪不断地发传单、做服务员，虽然每个月只能赚2000元，但她却感到从未有过的快乐和自由。后来，在父母的提议下，她申请了到法国留学。在这里有很多和她一样有着相同教育经历的人，他们相互理解、支持。但每当她遇到一个有高学历的中国人时，她还是会因为自己的学历感到些许不安和自卑。

【案例分析】

这篇文章主要讲述了一个高中优等生因不适应学校教育而退学的故事。从问题指向来看，这是一篇讨论学校教育个体适应性的文章，但文章也涉及了思想政治教育原理与方法的内容，值得进一步围绕思想政治教育角色定位、思想政治教育质量等问题展开思考。

学校教育如何关注到个体，如何实现每个人自由而全面的发展？这个问题主要涉及思想政治教育对象的主体性。思想政治教育的方向性在一定程度上决定了思想政治教育对象须形成相对一致的正确认识，这就意味着思想政治教育对象必须接受特定的教育内容，达到一定的阶段目标，而标准化测验就成为检验教育对象是否接受思想政治教育的主要手段。但是，现实的学生是具有差异性的个体，以班集体为单位展开的思想政治教育是否能够精准对接教育对象的学习需求，思想政治教育如何基于学生的发展规律和学习特征展开精准化、个性化的教学？这就对思想政治教育理念、过程与方法的优化提出了更高要求。其一，转变思想政治教育理念，立德树人是思想政治教育的根本任务，但"人"是多样的，"树人"的方式也可以是多样的，针对不同的个体构建不同的学习方案，不能以统一标准要求每一个人。考虑到思想政治教育的特殊性，对于必须实现的价值目标，教育者在实施过程可以根据学生的发展情况，拟订不同的成长方案，制定多样化的目标达成时间表，以优化评价方法和测量标准。其二，借助技术赋能思想政治教育精准教学，云计算、人工智能等技术与思想政治教育的结合可以精准匹配到每一个教育个体，不仅可以记录和储存思想政治教育过程中的学习数据，而且可以为个体的学习数据建档，加以精准分析，提供个性化学习方案。

退学青年的再教育问题。脱离学校教育的学生是否还有受教育的必要，如何受教育？思想政治教育如何对脱离学校教育的社会青年施加有效影响？学校除了提供知识以外，还承担着培养在校学生的能力、习惯，引导学生树立正确的世界观、人生观、价值观的责任。学生退学后，仍然是社会的成员，需要遵守法律，也需要承担一定的社会责任。也就是说，这一群体仍然需要思想政治教育。但是当青年脱离学校，有的甚至脱离家庭后，他们如何受教育，谁应当承担对他们的教育责任就成了一个难题。教师作为学校思想政治教育活动的主要承担者，在学校能够通过课堂、课外活动、家校沟通等一系列方式开展思想政治教育，可以对学生产生一定的影响和制约。当学生退学后，从思想政治教育范畴来看，他们仍然属于思想政治教育对象，但不属于学校思想政治教育的对象。思想政治教育如何针对这部分年龄较小、社会经验不丰富、心智尚未成熟的年轻人展开，当务之急是要明确谁应当对他们负责的问题。未成年退学人员家庭应当负起主要责任，社区应当及时与家庭沟通，提供帮助，避免这类群体与社会脱轨。无法承担教育责任的家庭，社区人员要尽可能代行思想政治教育职责，掌握退学学生的基本情况，尽快帮助学生复学或参加工作，依托学校或单位对其开展思想政治教育。

由此，便引发了新的思考。当思想政治教育者不再是接受正规培训的学校教师时，该如何确保思想政治教育质量？家庭和社区的思想政治教育理念是否正确？教育方式是否得当？教育结果如何评价？法律法规可以为思想政治教育提供保障，可以通过强制手段避免非教师的教育者传播错误的、不适当的教育理念。同时，互联网平台可以通过算法向退学学生推送正能量的积极内容，也可以为退学学生提供专业的思想政治教育平台，帮助退学学生不断适应社会并拓展学习渠道，这实际上也为退学学生保留了回到学校接受完整教育的机会。

数字技术推动思想政治教育个性化的问题。思想政治教育为什么要面向个性化？案例中的母女在不同年代保持着自己的个性，不同于主流选择在过去或许是一种"另类"，但在将来有可能会成为常态。无论是以互联网为代表的信息技术，还是以人工智能为代表的信息技术，都对人类社会与生活产生深远影响。作为一种社会创新模式，人们不断进行新技术的应用和迭代，使社会领域得以不断发展创新，这对思想政治教育个性化教育与学习提出了更高要求。一方面，数字技术赋能思想政治教育内容个性化。在数字时代，人们获取信息的渠道逐渐多样化，人们所追求的精神生活、社会交往方式也发生了很大的改变。社会结构的变化以及个体权利意识的觉醒，促使个体的思想与行为得到极大的解放和活跃。个人可以将其观点或意图自由表达出来，并被他人接受或认可。数字平台可以将人们所获得的信息转化为知识并用于学习和工作，促进有效沟通交流并形成共同价值观，使思想政治教育更加具有针对性和有效性。个体能够通过数字平台实时、便捷地获取教育信息，通过挖掘、分析和利用教育资源进行学习交流、思想碰撞、知识传播，以增强其学习效果，提高个性教育的质量。另一方面，数字技术赋能思想政治教育方式个性化。基于个体数据特征开发的智慧平台，将海量数据进行挖掘和分析，进而为人们提供服务。通过对用户行为的分析，智慧平台为人们提供个性化的信息推荐服务，以满足人们的个性化需求，让思想政治教育变得更精准和高质量。以数据为基础的智慧模式为思想政治教育提供了广阔空间，将思想政治教育与个体生活紧密结合起来，使之更好地服务于人。数字技术为思想政治教育提供了更多渠道和方式，可以让思想政治教育者和接受者双方能够随时交流和互动，使教育过程变得透明和可预测。

作为思想政治教育对象的个体如何在数字空间进行个性化学习？这指向思想政治教育对象自主学习能力的培养问题。思想政治教育者通过互联网、云计算、大数据等信息技术手段，可以为学生提供完整的自主学习方式和学习资源，使学生能够充分利用数字技术进行自主学习、自主管理以及探索新理念和新现象，并形成具有一定形式和特征的自我教育活动。同时，虚拟现实技术可以将校园生活的鲜活场景呈现在学生面前,帮助他们在虚拟场景中学习和成长。通过在虚拟世界中体验所学知识,并感受、思考和探索,可以丰富知识、提升人文修养和自我意识。这样有助于学生达到自主学习的目标,即使他们在脱离学校教育的情况下,也能更快地了解社会并积极参与,并将所学知识融入工作和生活。

【案例讨论】

1. 你身边有退学的同学吗?他们现在过得怎么样?
2. 你认为学校如何在教育中实现全面发展和个性发展相结合?
3. 你认为思想政治教育的重点对象应该包括哪些群体?
4. 你认为家庭是否能够承担思想政治教育的责任?为什么?

【案例知识点】

1. 家庭教育
2. 思想政治教育对象
3. 思想政治教育的特殊性
4. 特殊群体的思想政治教育
5. 思想政治教育精准教学

【教学建议】

1. 本案例可用于"思想政治教育对象"的教学,在分析思想政治教育对象的个体差异的类别后,分别讨论对思想政治教育重点对象和非重点对象的教育方法和策略问题。

2. 在讲述本案例后,教师可组织学生根据自身需求编写教案,尝试以自身为实验对象,开展精准教学,并开展小组讨论,分析教案的可行性,增加教师对学生了解程度的同时,让学生体验精准教学实际操作的难度。

【相关教学资源】

1. 程胜:《如何分析学情》,华东师范大学出版社 2014 年版。

2. 陈立娟:《智能技术时代的精准教学:主体之维与行动取向》,载于《现代大学教育》2023 年第 2 期。

3. 卢岚:《从二维并行到一体互嵌:思想政治教育社会生态的复归与超越》,载于《学校党建与思想教育》2022 年第 3 期。

4. 杨重阳、武法提:《精准教学与个性化学习场景中教学支持服务框架研究》,载于《现代教育技术》2022 年第 1 期。

5. 安富海:《精准教学:历史演进、现实审视与价值澄明》,载于《课程·教材·教法》2021 年第 8 期。

6. 王涛利、蒋凯:《探究高等教育普及化时代学生退学之谜——汀托的高校学生退学理论评析》,载于《现代大学教育》2021 年第 4 期。

7. 刘宁、余胜泉:《基于最近发展区的精准教学研究》,载于《电化教育研究》2020 年第 7 期。

8. 秦丹、张立新:《问题与优化:课堂精准教学实践的现实审视与反思》,载于《电化教育研究》2019 年第 11 期。

9. 张忻忻、牟智佳:《数据化学习环境下面向个性化学习的精准教学模式设计研究》,载于《现代远距离教育》2018 年第 5 期。

10. 黄传球:《结构理论视域下思想政治教育对象思想结构探析》,载于《湖北社会科学》2019 年第 8 期。

(本案例由陈国辉、焦娇完成)

【案例概述 3-5】

以公平之名，助学金不应是笔糊涂账 *

2023 年 9 月 22 日，天津某大学学生小苏通过网络平台发布多则视频，公开指出在助学金评选过程中遭遇的不公。其视频内容指出，在评定困难生助学金时，身为"孤儿"的他未能获得资助，而部分获得资助的学生在日常生活中存在高消费行为，由此引发社会广泛关注。据小苏所述，9 月 18 日班级初次助学金评选结果显示，他位列第五，而三名特殊家庭学生票数位居前三。然而，在辅导员复核民主评议结果时，因发现一份评议表存在评分缺失，故决定进行二次评选，评选结果小苏排名降至第九。

2023 年 10 月底，小苏通过视频实名举报，指控涉事人员滥用职权，明知部分学生不符合国家助学申请资格，仍予以认定，此举引发社会热议。

针对此事件，天津某大学于 2023 年 11 月 6 日发布情况通报。通报中明确指出，不存在名额"挤占"的情况，涉及的两名同学均符合困难生资助条件。同时，学校也认识到在资助工作中对同学的关心关爱存在不足，将以此为契机，进一步细化优化学生资助工作，为家庭经济困难学生提供更多的温暖和关爱。

---

* 资料来源：《天津一大学生实名举报助学金评选不公平 学校最新回应：已成立工作专班调查核实》，载于新浪网，https://news.sina.com.cn/s/2023-11-02/doc-imztfhps4768792.shtml，2023-11-02。

【案例分析】

该事件一出现就迅速"霸屏"各大网络社交平台，引发了人们的热议。该热点事件暴露出我国高校资助工作存在的一些问题。对此，我们可以运用思想政治教育原理与方法以及《高校思想政治工作质量提升工程实施纲要》中的资助育人内容进行分析。

学生资助问题涉及教育发展和社会公平，并在某种程度上影响着教育现代化的进程。高校教育的目标是培养学生的全面发展，不仅包括专业知识的传授，更重要的是培养学生的思想道德素养和社会责任感。在这个过程中，必须将"扶困""扶智"和"扶志"相结合，构建一种全新的育人模式。

经济资助是满足学生基本需要的首要环节，旨在解决他们的经济问题，确保他们能够专心学业，不受经济压力的干扰。这需要综合考虑学生家庭经济状况、地区差异等因素，高校应根据综合评定制定不同层次的资助政策。首先，高校应在新生入学前进行严格的排查工作，通过线上线下相结合的方式进行总体筛查，确保公平、公正、公开。其次，高校应建立健全临时困难补助机制，及时援助遇到突发经济困难的学生，保障他们的正常学业生活。该机制可以由学校设立专门的资助基金，用于应急援助，包括生活费、医疗费等。最后，高校可以开展勤工助学项目，为学生提供兼职工作机会，帮助他们赚取一部分生活费，并培养其社会责任感和独立生活能力。经济资助解决了学生的物质需求，而思想政治教育则更需要关注学生的精神需求。在经济资助的育人过程中，学生的成长需求需要得到充分关注，高校可以通过建立成长回馈机制，更好地促进学生的全面发展。

在数字时代，数字技术在各行各业都发挥着越来越重要的作用。在高校领域，数字技术不仅对教学和科研带来了深刻的变革，还可以在精准资助工作中发挥着重要作用。"助学金分配"事件在网络上之所以迅速"发酵"，其中一个原因就是助学金的评定标准存在争议。因此，数字技术赋能高校精准资助工作，不仅可以大大提高效率，而且可以使资助更加精准化、个性化，为学生提供更有针对性的支持。

数字技术为高校提供了大量的数据，包括学生的学业成绩、社会活动、奖助学金申请记录等。高校可以利用"用户画像"技术跟踪学生的校园卡消费、微信、支付宝等在线支付情况，持续跟踪经济困难学生的经济状况。通过先进的数据分析和挖掘技术，高校可以更全面地了解学生的特点和需求，从而为其提供更有温度和周到的资助。在有了一定的数据基础之后，高校资助部门便可触发智能决策系统。通过智能决策系统，结合大数据和人工智能技术，高校可以更准确地评估学生的需求，制订个性化的资助方案。与此同时，数字技术还可以加强对资助流程的监管，实现对每一笔资助款项的全程监控，确保资金的合理使用和透明公开。这种透明的管理方式不仅提高了对资金使用的监管效果，而且增强了学生对资助工作的信任，使整个资助过程更加公正、公平。这在一定程度上就可以有效化解"助学金"用于高消费这一难题。

在该事件发生之后，人们除了产生"如何实现教育公平""高校评定机制应该如何完善"等问题之外，"贫困生应不应该进行高消费"也一并成为网友讨论的热点。当我们透过现象看本质时，便会发现现代社会已经有不少的大学生掉进了消费主义陷阱之中。在消费主义思潮的影响下，大学生消费行为产生异化的原因和表现是什么，以及高校如何正确引导大学生进行理性消费，都是值得思考的问题。

消费主义思潮在社会中的兴起与社会价值观的变迁密不可分。随着社会的不断发展，人们对于成功和幸福的认知逐渐受到物质积累的影响，成功被过度关联于财富和物质的拥有。这种观念在大学生中尤为突出，导致他们对于物质的追求变得过于强烈，消费观念逐渐异化为过分追求炫耀和享乐。媒体和社交网络在信息传递中扮演着渲染的角色，在一定程度上误导了大学生的消费观。广告、综艺节目、社交媒体上的炫耀性消费，无时无刻不向大学生灌输着过度追求物质享受的理念。这种社交网络的风气使得大学生更容易受到同龄人的影响，形成一种攀比和消费升级的趋势。

大学作为学生思想观念和价值观形成的重要阶段，应当引导大学生养成理性的消费观念。学校可以通过案例、讲座、社会实践引导大学生更加注重产品的实用性和使用价值，以及设置理财规划课程、提供理财指导服务等方式，帮助大学生形成科学的消费观念，避免盲目消费、过度消费、超前消费。

【案例讨论】

1. 你如何看待"三全育人"？有什么好的意见和建议？
2. 你如何理解"扶贫先扶志，扶贫必扶智"？
3. 你认为数字技术赋能高校精准资助工作面临哪些挑战？如何解决这些困难？

【案例知识点】

1. 资助育人
2. 消费主义
3. 文化育人
4. 思想政治教育的价值引领

【教学建议】

1. 在本案例中，思想政治教育者应注重思想政治教育与资助育人的结合，在资助活动中融入思想政治教育元素，引导学生正确认识金钱的价值和社会责任，使学生深刻理解资助的意义，明白自己应当如何回报社会。

2. 教师可通过消费主义思潮引出"社会思潮与大学生思想政治教育"这一主题。在讨论过程，教师应注重引导学生分辨信息真伪，培养他们的批判性思维。通过将社会思潮与案例相结合，可以使抽象的思想观念变得具体化，引导学生从实际问题出发，形成对社会思潮的科学认知与评价。

3. 教师对相关知识进行分析和总结，从正向的角度引领学生正确看待"助学金分配"这一事件。思想政治教育者在教学过程要较多关注学生的学习生活需求，为有需求的学生提供精准的资助服务，推动高等教育的高质量发展。

【相关教学资源】

1. 张永：《治理现代化视域下高校资助育人高质量发展路径探索》，载于《思想理论教育导刊》2022 年第 11 期。

2. 肖丽、肖蓉：《新时代立德树人视域下高校学生资助育人工作创新路径研究》，载于《湖南社会科学》2022 年第 5 期。

3. 祝大勇、刘培齐：《当代部分青年"伪精致"现象分析及引导策略》，载于《中国青年社会科学》2022 年第 2 期。

4. 唐志文：《论新发展阶段推进高校资助育人的高质量发展》，载于《思想理论教育》2021 年第 11 期。

5. 赵贵臣、肖晗：《诚信教育融入高校资助育人体系的路径》，载于《思想教育研究》2021 年第 1 期。

6. 徐喜春：《高校资助育人中的权利冲突现象及其治理》，载于《思想理论教育》2020 年第 10 期。

7. 张远航、郭驰：《"三全育人"视域下高校资助育人的逻辑建构》，载于《思想理论教育》2020 年第 7 期。

8. 马晓燕：《理解高校资助育人科学内涵的三个维度》，载于《思想政治教育研究》2020 年第 3 期。

9. 孙莉玲：《以"育志、育智"为目标的高校精准资助育人体系构建》，载于《江苏高教》2019 年第 12 期。

10. 沈秋欢、胡友志：《高校"资助育人"的功能分析与价值确证——基于教育制度伦理学视角》，载于《重庆高教研究》2019年第3期。

11. 朱平：《高校"三全育人"体系协同与长效机制的建构——以全员育人为中心的考察》，载于《思想理论教育》2019年第2期。

12. 杨晓慧：《高等教育"三全育人"：理论意蕴、现实难题与实践路径》，载于《中国高等教育》2018年第18期。

13. 柯心：《高校学生资助育人的法治思维与机制创新》，载于《思想理论教育》2017年第6期。

（本案例由陈国辉、吴姝婧完成）

第四编

青年思想教育

　　本编内容旨在帮助读者深入理解和关注青年群体的思想政治教育问题。青年是国家的未来和希望，他们的思想观念和价值取向对社会发展与进步具有重要影响。新时代新征程，青年思想教育对培养这一群体积极践行社会主义核心价值观、增强国家认同感和社会责任感具有重要作用。希望读者积极参与讨论和分享自己的观点、经验，促进更加广泛而深入的交流。

【案例概述 4-1】

考编的小镇做题家们：考 10 次上岸，靠做题走向城市 *

呦呦，一名来自偏远山区、家境贫寒的大学生，其父亲作为农民工，长年奔波于外，从事高危职业，年收入微薄，难以逾越五万之槛。安全隐患与薪资拖欠，成为笼罩家庭的两重阴霾。父母对她寄予厚望，期望她能步入公务员或教师行列，视之为稳妥且光明的未来之路。在高中阶段，呦呦寄宿求学，勤勉不辍，终以优异成绩跻身全省高考前百名之列。为顺应父母期待并追求稳定职业，她毅然选择北方一所享有盛誉的"985"高校，专攻公共管理领域，后依据个人兴趣及专业需求，转入政治学专业学习。

大学期间，呦呦的心境交织着希望与自卑。专业知识如同灯塔，引领她拓宽视野，重塑世界观；而生活层面的种种差异，又让她不时陷入自我怀疑之中。她心怀对稳定生活的深切向往，规划毕业后先投身于私立教育事业，同时不懈备考公务员，以期实现职业转型。遗憾的是，两次考试经历，一次遗憾地与成功擦肩而过，仅差 0.2 分；另一次则尚待揭晓结果。

面对"小镇做题家"的身份标签，呦呦深感其背后的无奈与辛酸。她洞察到社会现实：少数人坐拥丰富资源，而大多数人则只能依托勤奋学习与严

---

* 资料来源：《考编的小镇做题家们：考 10 次上岸，靠做题走向城市》，载于凤凰网，https://news.ifeng.com/c/8HflXTCUyo1，2022-07-17。

格考试，作为改变命运的主要途径。她坚信，"小镇做题家"非但不应遭受嘲笑与轻视，反而应被视为一种在有限条件下勇于攀登、不懈追求的精神象征。在父母的支持与鼓励下，她从乡村走向城市，凭借坚韧不拔的求学精神，考入重点高中及大学，并最终通过不懈努力，成功考入编制内，成为一名在编教师。在遭遇挫折时，她未曾气馁，而是将过往的应试技巧转化为考编的智慧，实现了从乡村小镇到省会城市的跨越，生动诠释了"小镇做题家"积极向上、自强不息的精神风貌。

【案例分析】

本文主要讲述了出身农村的主人公，通过努力考试进入城市读书和工作的故事。从某个角度来看，这是一篇讨论社会转型的文章，同时也体现出思想政治教育原理与方法的内容，值得我们对此展开探讨与思考。

农村出身、没有强大的社会支持和经济支撑、依靠考试走出大山的大学生，是部分农村青年的缩影。那些擅长考试做题的部分农村青年，在经过考试和做题之后进入大学，面对的是与之前不同的圈层环境。他们既自卑又高傲，时而抱怨社会不公，产生一种高不成低不就的状态，甚至难以融入社会的大环境之中，沉浸在自我哀怨状态，甚至转向网络寻找与之相似的经历来抱团取暖。"小镇做题家"由于在"圈内"获得认可，找到情感归属而拒绝"出圈"，这极有可能割裂不同青年群体之间的有机联结，加剧社会阶层固化，也会进一步导致教育收益边际效应递减，在社会上引发"读书无用论"的悲观论调。对此，思想政治教育者应主动关注这部分群体的思想状态，通过思想引领和价值引导培育青年大学生树立崇高的理想信念，引导他们养成正确的自尊观、发展观。

"小镇做题家"是农村优秀青年的代表，这类群体能进入"985""211"大学，则表明他们在小学、初中、高中阶段都是成绩优秀的学生。他们很多人将自身的获得感建立在成绩的好坏之上，以至于他们不能很好地接受自身比别人差的一种评价。进入大学之后，由于群体的差异性和获得感的不同认知，使得这部分农村青年大学生无法很好地融入大学生活，有的还产生了心理自卑感和生活无意义感，在网络社区集聚的负能量影响下陷入自暴自弃的境地。"小镇做题家"自嘲现象看似偶发，但这并不是青年多元文化生态中的"孤本"。这一文化现象既可以看作"丧文化"的变体，也暗含着高等教育中平等主义与精英主义之间的碰撞。可以预见，一旦这类现象形成一股社会思潮，聚集成一股社会力量，不仅不利于青年学生的健康成长，甚至还会对社会稳定构成威胁。

案例中，主人公秉承奋斗的精神内核，从乡村走向城市，并且在自己的领域中发光发热，而且没有过多地抱怨社会，而是将希望寄托在自身之上，将擅长考试作为一种能力并且努力实现自己的目标。这实则是当下青年需要学习的，无论身处什么样的环境都要将希望寄托于自身的实际努力之上，脚踏实地、敢闯敢拼地实现自己的价值。思想政治教育需要建立多元价值评价标准，教育和引导青年不以名利、金钱、荣誉来衡量自身的成功与否，在生动的、火热的社会主义实践中完成个人价值与社会价值的统一。

"小镇做题家"进入大学后，在外界关注中失焦、在多维竞争中失措、在多元选择中失重，这在某种程度上反映了社会环境对思想政治教育育人的制约性影响。因此，思想政治教育应注重自身环境的优化。首先，营造良好的社会舆论氛围，为"小镇做题家"评价自身价值提供正向的、理性的舆论导向。其次，及时对农村青年大学生进行心理疏导，勉励他们正确面对困难，科学合理设置人生的发展预期，并通过阶段性目标的持续达成来增强信心，最终实现人生大目标。最后，引导"小镇做题家"注重个人全面发展，不应过度沉浸在做题的能力养成中，而是要敢于突破自我、迎接挑战，摆脱功利化的竞争氛围，以更加开放的心态拥抱新鲜事物。

【案例讨论】

1. 你身边有"小镇做题家"吗？他们现在过得怎么样？

2. 你认为学校应当怎样对"小镇做题家"进行思想政治教育？

3. 你认为如何优化思想政治教育环境？

4. 你如何看待个人价值的实现？

【案例知识点】

1. "小镇做题家"
2. 价值重塑
3. 思想政治教育环境
4. 思想政治教育内容
5. 思想政治教育对象

【教学建议】

1. 本案例可用于思想政治教育对象的教学，在分析思想政治教育对象的个体差异的类别之后，分别讨论对普通教育对象和特殊教育对象的方法和策略。

2. 在讲述本案例后，教师可组织学生采访具有相关经历的学生，进行小组讨论，在增进对特殊群体学生了解的同时，及时更新思想政治教育内容与方法。

【相关教学资源】

1. 李辉：《现代思想政治教育环境研究》，广东人民出版社2005年版。

2. 周新成：《家庭教养模式、流动距离与"小镇做题家"心态的生成》，载于《中国青年研究》2023年第10期。

3. 谢爱磊、白宜凡：《"自我低估"：精英大学农村籍大学生社会能力的自我建构》，载于《教育研究》2023 年第 5 期。

4. 章文宜、骆正林：《社会文化变迁下青年流行话语的建构与传播——基于"小镇做题家"的文本分析与出圈逻辑研究》，载于《学习与实践》2023 年第 2 期。

5. 李秀玫、付宇、侯劭勋：《"小镇做题家"的群体性焦虑及其来源》，载于《当代青年研究》2022 年第 1 期。

6. 代玉启、李济沅：《"小镇做题家"现象的透视与解析》，载于《中国青年研究》2021 年第 7 期。

7. 李沁柯、夏柱智：《破碎的自我："小镇做题家"的身份建构困境》，载于《中国青年研究》2021 年第 7 期。

8. 张茜、刘庆帅：《不平等的"贵子"：基于网络民族志的"小镇做题家"就读体验研究》，载于《中国青年研究》2021 年第 6 期。

9. 魏杰、黄皓明、桑志芹：《"985 废物"的集体失意及其超越——疫情危机下困境精英大学生的"废"心理审视》，载于《中国青年研究》2021 年第 4 期。

10. 吴愈晓、张帆：《"近朱者赤"的健康代价：同辈影响与青少年的学业成绩和心理健康》，载于《教育研究》2020 年第 7 期。

11. 郭书剑、王建华：《寒门贵子：高等教育中精英主义与平等主义的冲突》，载于《高等教育研究》2018 年第 10 期。

12. 谢爱磊、洪岩璧、匡欢、白杰瑞：《"寒门贵子"：文化资本匮乏与精英场域适应——基于"985"高校农村籍大学生的追踪研究》，载于《北京大学教育评论》2018 年第 4 期。

13. 马道明：《输在起点的流动：农村大学生的城市之路》，载于《中国青年研究》2015 年第 10 期。

（本案例由吴凯、王小叶完成）

【案例概述 4-2】

某大学一名大三女生跳江身亡*

  这是一起发生在某大学的悲剧。一名大三女生贺某疑因遭受校园霸凌和孤立，最终选择跳江自杀。据贺某的聊天记录和家属叙述，她在班级中被同学们排挤，甚至被最信任的室友"背叛"，感到极度无助和绝望。贺某提到的"被挂在墙上"可能是指在学校的网络平台上受到公开羞辱。事件发生后，学校并未立即给出官方解释，但警方已介入调查。在与家属的后续交涉中，学校给予了赔偿并与家属达成了和解，但具体调查结果未公开。

  贺某的悲剧揭示了校园霸凌的严重性和复杂性，它不仅限于直接的冲突，还包括社交排斥和网络舆论的伤害。贺某在微信聊天中表达的绝望感，表明她感受到了来自全班同学的孤立和流言蜚语的压力，这种心理负担可能导致了她的精神崩溃。据家属所述，贺某原本性格开朗，没有心理问题，但疑似因校园内的竞争和误解，被错误地定位为"坏人"，这进一步加剧了她的困境。值得注意的是，"××表白墙"的存在，使得校园内的言论可能被放大，增加了贺某的恐惧感。在最信任的室友"背叛"后，她的情绪达到了临界点，选择了跳江。尽管学校和家属已达成和解，但事件的具体细节因保密协议未公开，留下了对校园霸凌防治机制的反思空间。

---

  * 资料来源：《××大学一名大三女生跳江身亡，家属：已和学校达成和解》，载于搜狐网，https://gov.sohu.com/a/736428006_121332524，2023-11-15。

【案例分析】

目前，大学生自杀已成为大学校园最严重的危机事件之一。社会压力、家庭氛围、个人心态都有可能是悲剧发生的诱因。这篇报道主要揭示了在社交媒体时代，心理压力、人际关系压力不仅是人们步入现代化的一大阻碍，而且也给思想政治教育心理疏导带来了不小的挑战。

人们在追求物质富足、精神富有的过程中，要接受来自社会、单位、家庭等各个方面的压力。现代社会竞争日趋激烈，这对个体提出了更高要求。校园霸凌是心理压力升级的一种体现，受害者贺某在承受来自学业、人际关系等多方面的压力时，如果还遭受同学的欺凌，无疑是雪上加霜。在大学校园，学业压力成为大部分学生难以回避的问题，传统的应试教育在迫使学生追求高分数的同时，往往忽视了自身的心理健康。他们面临课业繁重、考试压力、未来就业的担忧，需要不断适应新知识、新技术并保持与时俱进。这种现实要求使一些学生感到无所适从，产生焦虑感和自我怀疑。除此之外，现代社会对成功标准的不断提高也在一定程度上导致个体心理压力陡增。

如今，成功往往被定义为物质富裕、社会地位的提升，这使他们认为自己必须不断努力，否则就可能会被社会淘汰。这种"成功焦虑"是大学生心理压力的重要来源，严重影响了他们的身心健康。为此，学校应建立健全心理咨询体系，为学生提供全面的心理咨询服务。心理咨询不仅是在学生面临问题时的应急处理，更应该成为学生学业生活的一部分，帮助他们形成正确的心理认知和应对机制。传统的应试教育过于注重分数，而忽视了学生的全面发展。新的教育理念应更加注重培养学生的创造力、实践能力和社交能力，使学生能够从容地应对现代社会的挑战。成功不应仅仅被定义为物质上的富裕，更应该包括个体在不同方面的全面发展。

社交媒体的兴起扩大了人们在虚拟空间的社交范围，但也减少了面对面沟通的机会。大学生倾向于使用手机和社交平台进行交流，这在一定程度上影响了他们的沟通技能和情感表达能力。虚拟社交的便捷性使人们更容易脱离真实社交场景，这不利于大学生构建健康的人际关系。现代社会竞争激烈，人们在人际交往中更容易出现攀比心理和竞争意识，人际关系也会陷入"内卷""内耗"的状态。

新闻报道中提到的贺某可能因与舍友竞争班级副团支书的位置而被孤立，产生巨大心理压力。贺某面临着来自同学、社会的巨大压力，她也许试图通过在人际关系中彰显自己的优越之处来获取别人的认可。但在追求认可的过程中，她过度关注他人的评价，从而产生自我怀疑和自卑感。因此，这种竞争导向的人际关系往往使得真诚和信任变得更加稀缺，甚至产生了不可挽回的悲剧。

生命教育关注个体的生存状态、生命价值和生活意义，旨在培养学生积极面对生活、珍视生命。将生命教育融入思想政治教育有助于大学生形成正确的人生观、价值观。在生命教育中，培养心理韧性可以使学生更具抗压能力，更有勇气面对困境。许多大学生之所以会产生自杀念头，主要是因为他们内心不够强大，无法与焦虑、抑郁、自卑等情绪相抗衡、作斗争。因此，高校可以通过开发生命课程、开展生命体验活动进行生命教育，为学生提供及时的心理辅导。一方面，在相关课程中增加生命教育的内容，引导学生正确看待生命、珍视生活，帮助他们形成健康的、积极的人生态度。另一方面，鼓励学生积极参加与生命教育相关的实践活动，亲身体验生命的奇迹，感受世间的馈赠和大自然的美丽，增强对生命的敬畏感和责任感。

【案例讨论】

1. 你认为生命教育必要吗？高校如何开展生命教育？
2. 你认为生命教育与大学生思想政治教育的契合点在哪里？
3. 你如何理解思想政治教育的目标和任务？

4. 你认为思想政治教育与人的现代化之间有什么联系？

5. 你认为生命教育对大学生成长成才有什么作用？

【案例知识点】

1. 生命教育

2. 心理疏导

3. 精神富有

4. 思想政治教育人文关怀

【教学建议】

1. 本案例可用于"思想政治教育心理疏导"的教学，应注重培养学生正确的价值观念，强调人的尊严和平等，倡导友爱、互助、理解与宽容的精神。通过案例分析、情感交流等方式，引导学生学会与他人沟通、协调，培养学生正确处理人际关系的能力，防止因为人际矛盾而产生校园霸凌。

2. 教师可组织学生进行 MBTI 人格测试活动并对测试结果展开讨论，也可以开展有关积极心理学的小游戏与小互动，让同学们了解心理健康知识。教师要及时发现有心理问题的学生，运用思想政治教育知识及心理学知识对其进行心理疏导，以培养学生形成积极健康的心态和良好的人际关系。

【相关教学资源】

1. 朱永新：《拓展生命长宽高：新生命教育论纲》，商务印书馆 2022 年版。

2. 褚宏启：《教育现代化的路径：现代教育导论》，教育科学出版社 2021 年版。

3. 曾汉君：《思想政治教育视域下人的现代化面临的挑战及推进路径》，载于《理论导刊》2023 年第 11 期。

4. 项久雨：《思想政治教育现代化的叙事方式》，载于《教学与研究》2023 年第 10 期。

5. 俞国良、黄潇潇：《学生心理健康问题检出率比较：元分析的证据》，载于《教育研究》2023 年第 6 期。

6. 张典兵：《高校思想政治教育生命转向的意涵与实现》，载于《教育理论与实践》2023 年第 3 期。

7. 赵福菓、何壮：《基于大样本的青少年校园霸凌潜在类别与应对策略分析》，载于《贵州社会科学》2021 年第 11 期。

8. 吴光芸、黄小龙：《我国校园霸凌治理政策的议程分析——基于多源流理论的视角》，载于《青年探索》2021 年第 1 期。

9. 赵山、白仲琪：《构建高校学生心理健康教育与服务体系的探索与思考》，载于《河南大学学报（社会科学版）》2020 年第 6 期。

10. 詹鋆、徐宏飞、任俊、罗劲：《心理宣泄究竟是有益还是有害？——宣泄的心理干预效果及潜在危害》，载于《心理科学进展》2020 年第 1 期。

11. 梁剑玲、任婷婷：《"协同·共享·发展"理念下"123"学生心理健康服务体系的构建》，载于《教育科学研究》2019 年第 10 期。

12. 吴九君：《积极心理干预对大学生心理和谐、抗逆力、总体幸福感及抑郁的影响》，载于《首都师范大学学报（社会科学版）》2019 年第 4 期。

（本案例由吴凯、吴姝婧完成）

【案例概述 4-3】

"脆皮大学生" 走红 *

"脆皮大学生"一词的迅速流行，凸显了网络文化浪潮中自嘲文化已成为一种独特的社会现象。自嘲文化，通过自我戏谑与讽刺的方式，为个体尤其是年轻人群体提供了一种独特的压力与焦虑缓解机制，它让人们在自我贬低的语境中寻觅到幽默与共鸣的出口。

自嘲文化的形成，根植于多重深层次原因。首先，是现代社会赋予年轻人的沉重压力与焦虑感，包括学业、就业以及复杂人际关系的挑战。自嘲，作为一种心理防御机制，有效地缓解了这些压力。其次，网络传播的便捷性为此类文化的广泛传播提供了沃土，自媒体平台的兴起使得自嘲内容得以通过文字、图像、视频等多种媒介形式，迅速在社交网络中蔓延，引发广泛共鸣。最后，自嘲文化所蕴含的文化认同感也是其盛行的重要因素，它不仅是个体表达情感的方式，更是群体间共享的文化标签，通过自嘲，同龄人之间得以拉近心理距离，共享文化体验。

自嘲文化的传播路径，主要依托于数字化平台。社交媒体如微博、微信、抖音等，成为自嘲内容快速传播与互动的重要渠道。同时，网络社区如知乎、豆瓣等，也为自嘲文化的深度讨论与扩展提供了平台。此外，视频平

---

* 资料来源：《"脆皮大学生"走红："我伸个懒腰，脖子扭了……"》，载于澎湃网，https://www.thepaper.cn/newsDetail_forward_24930492，2023-10-13。

台如 B 站、快手等，更是通过视觉化的创作与分享，将自嘲文化以更加生动直观的方式呈现给广大观众。

自嘲文化的存在，具有双面性。一方面，它有助于个体释放压力，提升心理韧性，并为社会文化表达增添了新的维度与色彩；另一方面，过度自嘲也可能导致个体自我价值感的降低与自卑心理的滋生，进而对社会风气产生消极影响，不利于个体心理健康与社会和谐。

综上所述，自嘲文化作为网络文化的新兴现象，其影响具有复杂性。在未来的发展中，应积极引导其向健康、积极的方向发展，以充分发挥其积极作用，同时避免其可能带来的负面影响。

【案例分析】

本案例主要讲述了"脆皮大学生""大学生脆脆鲨"等网络热词迅速爆红的现象，"自嘲"文化也随之火爆"出圈"。自嘲文化，又称"自黑"文化，指的是个体或群体通过自我调侃、自我戏谑、自我贬低等手段，来应对生活中的困难、挫折、尴尬等情境，以达到缓解压力、舒缓情绪、增加互动和娱乐效果的一种文化现象。它主要源于人们对自我和他人的深刻洞察，以及对幽默和戏谑的独特理解。

自嘲文化不仅仅是一种自我调侃，更是一种对自我和生活态度的反思与重构。自嘲是一种社交技巧。通过自我调侃，个体能够拉近与他人的距离，增加互动和共鸣。这种互动有助于建立良好的人际关系，增强社交能力。自嘲需要个体具备创造力和想象力。个体需要从不同的角度审视自我和生活，从中发掘出幽默和戏谑的元素。这种创造力有助于激发个体的思维活力，培养灵活的思维方式。自嘲文化的核心在于自我认知。个体需要对自己有深刻的理解和洞察，才能找到自我调侃的切入点。这种自我认知不仅包括对自身缺点的认识，也包括对自身优点和价值的认识。自嘲文化体现了一种乐观、积极的人生态度。个体能够正视生活中的困难和挫折，从中找到幽默和戏谑的元素，从而缓解紧张情绪，增加轻松氛围。这种态度有助于个体保持心理平衡，更好地应对生活中的挑战。

自嘲文化具有开放性。自嘲者通常具备开放的思维和心态，愿意接受他人的评价和意见，并且能够从中学习和成长。这种开放性有助于个体更好地认知自我，发现自身的不足，并积极寻求改进。自嘲文化具有适应性。无论是在高压的工作环境还是在紧张的人际关系中，自嘲者都能灵活应对，找到适合自己的应对策略。这种适应性有助于个体更好地应对生活中的挑战和变化。自嘲文化具有多样性。个体可以通过文字、语言、表情包等多种方式进行自我调侃。这种多样性不仅增加了自嘲的趣味性，也满足了不同个体的表达需求。

本案例中，"脆皮大学生""大学生脆脆鲨"等热词的出现，首先，反映了大学生对自身身体状况的关注和反思。随着健康问题的日益突出，大学生开始意识到自己身体素质下降，容易受到疾病的侵扰，他们便用自嘲的方式来表达自己的无奈和困惑。这种自嘲体现了大学生对健康问题的关注以及对改善身体状况的渴望。其次，反映了大学生易受现代社交媒体和网络文化的影响。在网络时代，人们更加倾向于用幽默和戏谑的方式来表达自己的情感与态度。大学通过自嘲方式调侃自己的身体状况，不仅能够缓解自己的压力和焦虑，而且能够引起他人的共鸣和关注。当然，这种自嘲现象背后也存在一些负面影响。例如，有低血糖，直接晕倒在火锅店门口的；有因为一份三小时没送到的猪脚饭，难过得送进医院的；更有化妆散粉盒掉落用膝盖挡了一下导致髌骨脱位的"脆皮大学生"。他们可能会过度自嘲身体状况，导致自信心下降和心理问题的出现；他们可能会将自己的身体问题归咎于自己的无能和脆弱，怀疑自己，否定自我价值，从而产生自卑和焦虑等负面情绪。这种自嘲的负面现象不利于大学生的身心健康，也不利于他们未来的成长和发展。

从更深的角度分析，在某种程度上，自嘲文化体现了青年人对自我价值的探索和对社会期望的回应。首先，自嘲文化体现了青年人对于自我价值认同的追求。在竞争激烈的社会环境中，青年人面临着种种压力和挑战，他们需要通过自我调侃的方式来消解压力，在戏谑中寻找自我价值的认同。这种认同不仅是一种自我肯定，而且包括在社会群体中找到自己的位置以达到群体认同。通过自嘲，青年人能够表达自己的独特观点和态度，从而在同龄人中树立一定的形象和地位。其次，自嘲文化反映了青年人对于社会期望的回应。在传统观念中，青年人应该是充满朝气、积极向上的群体，承担着社会发展的重任。然而，在现实生活中，青年人也面临着种种困境和挑战，他们需要通过自嘲的方式来回应社会对他们的期望。这种回应并不是消极地逃避，而是一种积极的应对策略。在青年人看来，自嘲能够减轻他们的心理压力，帮助他们更好地适应社会环境的变化。在现实生活中，许多事情往往并不如人意，青年人则更容易感受和体会到这种不易与困惑，他们试图通过自嘲的方式来表达自己对现状的不满，这种反思并不是消极的抱怨，而是一种近似于"折中"的突围方式。通过对现实的调侃和反思，青年人能够更加清晰地认识自己和现实，从而更好地应对未来的机遇和挑战。如果他们无法在自嘲中找到自己的定位，他们可能会感到焦虑或失落。如果青少年过度依赖自嘲来应对社交焦虑，他们可能会让周围的人感到不舒服或疏远，也无法解决其面临的实际问题。这很可能导致他们被孤立或难以建立健康的社交关系和良好的社会心理。他们甚至过度关注自己的缺点和不足，导致过度以自我为中心。

面对这样一种特殊文化现象，思想政治教育应当发挥其积极作用。采取多种措施，引导大学生正确看待自嘲现象、培养自我认知能力、强化心理素质并树立正确的价值观。

一是加强引导和管理，引导大学生正确看待自嘲现象。针对自嘲文化，可制定相关准则，明确自嘲的边界和底线，禁止恶意攻击、造谣传谣等行为，维护网络空间秩序。同时，相关部门要加强对网络自嘲文化的监管，及时发现和处理违规行为，营造健康向上的舆论氛围。二是提高大学生网络媒介素养和自我认知能力。在高校思想政治教育过程中，增加媒介素养教育的内容，帮助大学生了解网络传播的特点和规律，增强他们对网络信息的辨别意识和批判能力。引导大学生树立自律意识，自觉遵守道德和法律法规，不参与恶意攻击、造谣传谣，维护个人和社会的良好形象。教育大学生如何正确处理和应对网络自嘲文化，提高自我认知能力，积极肯定自我价值，科学和辩证地看待社会现实，避免被误导和煽动，保持理性思考和客观态度。三是强化价值观教育和心理疏导。在高校思想政治教育过程中，要强化社会主义核心价值观教育，引导大学生树立正确的世界观、人生观和价值观，提高他们的道德素质和文化素养。针对网络自嘲文化可能带来的心理问题，高校要及时提供心理疏导和干预服务，帮助大学生正确面对自己的情绪和困惑，保持身心健康。鼓励大学生树立积极向上的生活态度，关注现实生活和身边的人，积极参与社会实践和公益活动，培养健康的生活方式和良好的社会责任感。四是加强学校与家庭、社会的合作。鼓励家长积极参与大学生的思想政治教育，关注他们的网络使用情况，保持密切沟通交流，共同维护大学生的身心健康。鼓励社会各方面为大学生的健康成长提供支持和帮助，共同营造一个有利于他们发展的良好环境。建立学校、家庭、社会之间的合作机制，加强信息共享和资源整合，形成思想政治教育合力。

自嘲文化的背后折射出当代青年群体的一系列复杂心态。它既体现了青年人对自我认同的追求和对现实压力的应对，当然也存在一些负面影响。因此，我们需要正确看待自嘲文化，既要肯定其积极的一面，也要时刻注意并规避其消极影响，采取有力措施引导自嘲文化朝着积极的、健康的方向发展。只有这样，我们才能更好地理解青年人的内心世界，促进他们的成长成才。

【案例讨论】

1. 你之前了解过自嘲文化吗？
2. 自嘲文化的火爆"出圈"对你的生活产生了什么影响？
3. 自嘲文化反映了什么样的社会现象？
4. 学校与社会应当如何科学引导学生看待自嘲文化？

【案例知识点】

1. 亚文化
2. 自嘲文化
3. 自我认知能力
4. 价值观教育
5. 心理疏导
6. 媒介素养
7. 思想政治教育合力

【教学建议】

1. 本案例可用于"自嘲文化""网络媒介素养""价值观教育""心理疏导"等教育教学，引导学生了解自嘲文化的概念与特征，科学地看待自嘲文化，提高学生自我认知能力，深层次了解自嘲文化火爆"出圈"的逻辑，避免让学生陷入对现实困惑的悲观自嘲之中。

2. 教师可采取多种方式和手段，通过课堂讲解、主题讨论、实践活动，引导大学生深入了解自嘲文化的双重影响。选取典型案例，组织学生进行深入分析和讨论，提高他们对网络信息的分析和判断能力。建立互动交流平台，鼓励学生之间进行分享和交流，促进自嘲文化的健康传播与发展。

【相关教学资源】

1. 郭小安：《自我贬抑式网络流行语的话术生产与部分青年群体心态透视》，载于《人民论坛·学术前沿》2023年第22期。

2. 杜成敏、张瑜：《青年网络自嘲现象流行的原因、风险及应对》，载于《中国青年社会科学》2023 年第 4 期。

3. 刘涵慧、杨晨：《青年网络流行语解读中的"他我式误读"探析》，载于《广东青年研究》2023 年第 3 期。

4. 张国清、阿里木江·于山：《"社会性死亡"及其批判》，载于《社会科学》2022 年第 8 期。

5. 王水雄、周骥腾：《中国 Z 世代青年亚文化的由来、发展与应对》，载于《中国青年研究》2022 年第 8 期。

6. 梁思思、曹东勃：《"社会性死亡"：青年网络暴力新趋势及治理路径》，载于《社会科学战线》2022 年第 4 期。

7. 付茜茜：《从"内卷"到"躺平"：现代性焦虑与青年亚文化审思》，载于《青年探索》2022 年第 2 期。

8. 刘能、周航：《社会性死亡：互联网时代的社会控制和道德重塑》，载于《江苏行政学院学报》2021 年第 6 期。

9. 马中红、胡良益：《互嵌、分歧与可见：网络青年亚文化发展新趋势》，载于《青年探索》2021 年第 5 期。

10. 蒋建国：《网络自嘲：自我贬抑、防御机制与价值迷离》，载于《学习与实践》2021 年第 2 期。

11. 曾昕：《情感慰藉、柔性社交、价值变现：青年亚文化视域下的盲盒潮玩》，载于《福建师范大学学报（哲学社会科学版）》2021 年第 1 期。

12. 孙伟、于浩田：《思想政治教育对后现代语境下青年亚文化的引领》，载于《中国青年社会科学》2020 年第 6 期。

13. 闫翠娟：《从构建同一性文化到构建统一性文化：新时代青年亚文化引领的目标革新》，载于《新疆社会科学》2020 年第 2 期。

14. 张宇、沈杨：《包容与认同：主流意识形态嵌入视域下的网络青年亚文化》，载于《青海社会科学》2019 年第 4 期。

（本案例由吴凯、杨云芬完成）

第五编
数字化转型

本编内容深入探讨了数字化技术在思想政治教育中的应用和实践。在教育领域，数字化转型成为一种趋势，不仅能够提高教育教学效率和质量，而且可以使学生更加便捷地获取教育资源。本部分以思想政治教育为切入点，通过案例分析，读者可以深入了解数字化转型对思想政治教育的影响，从中汲取有益的经验和启示。

【案例概述 5-1】

破圈：网络圈层化背景下思想政治教育的新使命*

河南卫视为文化自信与文艺"破圈"提供了可资借鉴的优秀模式。2021年，河南卫视通过节目如《唐宫夜宴》《洛神水赋》，成功吸引了广大年轻人的关注，节目通过虚拟视觉呈现和年轻人喜闻乐见的形式重新书写传统文化。其节目关注青年话题、审美，并结合网综、网剧、漫画等元素，打破传统文化与青年文化之间的隔阂。青年人在微博、哔哩哔哩等平台积极进行二次创作和传播，推动节目"出圈"。

冰墩墩的成功，展示了中华文化传播的软实力。北京冬奥会吉祥物"冰墩墩"结合了熊猫形象和富有科技感的冰晶外壳，象征冰雪运动和现代科技。其头部造型取自冰雪运动头盔，装饰彩色光环灵感源自国家速滑馆"冰丝带"，象征冰雪赛道和5G科技。冰墩墩一夜之间成为热门商品，不仅在国内"一墩难求"，在国际上也备受追捧，体现了中国科技和文化的软实力。

在网络圈层化背景下，思想政治教育面临新的使命。通过文化创新和科技结合，可以更好地吸引年轻人的关注和参与，推动传统文化与现代文化的融合。这不仅需要传播内容的创新，还需要青年群体放下对传统文化的成

---

* 资料来源：《河南卫视又"出圈" 文化自信就是这个范儿》，载于搜狐网，https://www.sohu.com/a/493927067_216439，2021-10-08；《冰墩墩霸屏背后，是北京冬奥的热度和中国科技的"硬度"》，载于中青在线，http://news.cyol.com/gb/εrticles/2022-02/08/content_0BEbVhvQB.html，2022-02-08。

见，积极探索文化之美，达到文化共识。冰墩墩的成功展示了文化自信和科技实力的结合，对思想政治教育提出了新的挑战。

【案例分析】①

"出圈"现象引发了更多参与者的互动行为，呈现出强大的传播效力，超出了狭义的娱乐圈范畴，开始具有更广泛的社会意义，引发不同社会群体的讨论与共鸣。同时，趣缘主导下的不同圈层在认知上存在显著差异和对立，导致个体压力陡增，产生不平衡的心理状态，甚至可能引发舆情危机。舆论作为一种特殊的社会意识，对个体思想发展具有重要影响。网络圈层存在大量不能正确反映客观事实的舆论，成员意志薄弱或迫于层级限制，极易被不完全语境下的负面舆论同化，原本限于圈层之间的矛盾则会在认知失调过程演变为社会性事件，引发舆论危机。

通过分析可以看出河南卫视成功"出圈"的钥匙在于传统文化与新兴技术的相互扶持，传统文化资源与新时代人民群众精神文化需要的深度融合。"冰墩墩"从"出圈"到"出海"在于其跨文化、跨国别、跨语言的不同元素构筑出的精神寓意。反观现实社会，网络圈层是青少年群体在交往实践过程中与网络空间相结合而衍生出的新鲜事物，"圈层化"是当下青年群体伴随互联网发展而衍生出的新的社交方式。这一变化深刻促动他们的认知革新、行为革新、社会关系以及社会结构的变革。"出圈"给文化传播提供了新思路，这要求思想政治教育者深刻把握网络圈层的独特性，在共性中把握个性，在个性中洞察共性，运用思想政治教育学原理洞察网络空间，及时推进思想政治教育在各圈层的"破圈"与"入圈"，发出思想政治教育好声音。

---

① "案例分析"为本书作者原创内容，已公开发表。参见王琴、吴凯：《网络圈层中的思想政治教育问题及其应对策略》，载于《武汉交通职业学院学报》2022年第2期。

人不仅会影响思想政治教育的内容生产，而且在开展过程中深刻影响思想政治教育的方式选择。在网络空间，人们通常以自觉或者自发的形式进入某个兴趣圈层，又基于兴趣圈层分化为不同的群体。在这种情况下，社会大圈层就会分化为多个小圈层，人们就会在圈层作用下走向小众，而小众之间又存在着鲜明的需求差异，这为思想政治教育者针对小众群体讲"圈内话"提供了契机。从这个意义上讲，思想政治教育可以采取分众化的引导方式，根据圈层划分情况采取针对性的内容和方法。此外，圈层文化及其衍生物可以体现出不同圈层的思想动态和价值追求，且同一圈层内部大都存在相似的思想问题或行为特征，思想政治教育者可以根据圈层文化深耕其核心价值，并对主要问题采取精准的思想引导和价值塑造，高效率解决"一圈人"的思想与行为问题。

基于此，我们不得不思考，作为对人的思想与行为展开规律性探讨的思想政治教育，如何判定网络圈层问题，尤其是针对网络圈层中的思想政治教育问题展开科学性的研判，如何以"圈"为媒将成功"出圈"的逻辑赋能思想政治教育，以及如何避免圈层负效应，这些都直接关系到新时代思想政治教育的育人使命，关系到新时代思想政治教育的高质量发展。

（一）网络圈层中的思想政治教育问题

圈层间的异质化引发心理失衡。思想和心理问题是个体同一意识结构的两个方面，心理素质和心理水平直接影响人们的思想动态和发展趋向。网络圈层是在兴趣、爱好等趣缘因素主导下形成的社会关系环，但这个"环"并不是绝对闭合的，圈内成员容易受到圈外要素的影响，产生与原圈层相悖的思想、观念、情感、知识、价值等，各种对立观点的碰撞极易导致逆反心理、困惑性心理等心理失衡问题。一方面，不同圈层对立导致逆反心理。以青少年的电竞圈为例，在圈内网络游戏行为影响下，青少年对网络游戏的依赖程度越来越高，对网络游戏的行为愈发持肯定态度。但在家庭、学校、社会等圈外的主流认知中，网络游戏对青少年，尤其是对学生群体的影响则是弊大于利，这类群体对网络游戏的态度大多秉持否定或者消极态度。在否定因素与肯定因素的激烈冲撞下，青少年就在压力和不平衡感的心理作用之下，试图通过否定权威来获得身心解放，极易产生与主流价值相对立的逆反心理。另一方面，西方意识形态渗透导致困惑性心理。网络圈层充斥着各种"非马""淡马""反马"的错误社会思潮，意识形态上的对抗极易给意志不坚定的群体带来迷惘心理，并伴随着怀疑、忧虑、偏执等负面情绪。如果这类问题不能得以快速、有效解决，不仅不利于人们的身心健康和主流意识形态认同，而且社会主义核心价值体系也将因西方资本主义价值体系的"入侵"而危及其在网络空间的领导权和话语权。

圈层内部同质化阻碍个人自由全面发展。网络圈层就像一座自我营造的"信息茧房"，成员发出的声音会在"回音壁效应"中以同样的声音反弹回来，人们的自由意志在同质化圈层被抑制，造成思想固化。这一结果同马克思主义倡导的人的解放和每个人的自由全面发展是不相符的。一方面，圈层思想固化极易禁锢人们的理性思维和创新能力。个体或群体作为圈内成员面对共同的议程设置，其思维活动局限于同一定式，即使环境发生了变化，也总是不由自主地遵循圈层思维，对其他圈层观点或外界不同声音难以虚心接纳甚至武断排斥。长此以往，圈层思想固化不仅会对健全人格的培养带来负面影响，而且会扼杀这一群体的思维活力，阻碍发散思维、创造性思维的培养。另一方面，圈层思想固化极易扼杀人们人际交往能力的养成。网络圈层给圈内成员带来强烈的归属感和认同感，这种脱离于现实的"虚幻"感知使真正的交往关系逐渐走向边缘，萍水相逢的网络关系反而成为亲密关系，且被悉心呵护。除此之外，圈层内部大量与自身兴趣爱好、情感诉求相契合的成员，导致人们甘愿将自己封锁在"信息茧房"之内，并开启自我保护机制以应对那些与自己认知不同的人，这将进一步拉大人与人之间的距离，使人际交往能力逐步走向式微，甚至出现退化的风险。

圈层文化渗透导致道德底线失守。思想道德素质原本是个人由内向外散发的品质素养，但在网络圈层的影响下，道德意识出现圈层化、群体极化倾向，不断突破道德底线，让人感受不到人性的善良与生命的温度。例如诸多"受害者原罪论"热门事件，纷纷在网络空间引起激烈讨论，一些无视法律常识、违背公序良俗的言论诱发群体极化现象。圈层内"意见领袖"和别有用心的微博大V主导舆论方向，人们极易在碎片化、单一化的信息中误将圈内共识等同于社会共识，以讹传讹，言论和行为都变得更加极端。从2008年的"中国网络暴力第一案"、2014年广东人肉搜索导致当事人不堪其辱而自杀，到2018年重庆小轿车女车主事件等这类恶性事件频频爆发，"伸张正义""主持公道"的网民从网络空间的极端谩骂，逐渐演变到通过人肉搜索揭露隐私，曝光私人信息，网络群体极化直接在现实世界愈演愈烈，站在道德制高点谴责他人，不断突破道德底线，对当事人的隐私权和生命安全构成极大威胁，给正处于品德塑造关键期的年轻群体带来极大的负面影响。

圈层文化渗透激化审美畸形。在马克思主义看来，美并不是所有动物都具有的能力，而是人的专属范畴，在人的存在方式中蕴含着美的维度。但是，群体极化却使这种美的维度发生异化，审美畸形、审丑狂欢肆意模糊了美与丑、善与恶、是与非的界限，不利于大众正确审美观和价值观的培养。以网红圈为例，有些网红凭借其在网络平台低俗扮丑"出圈"被大众熟知，他们越是丑态百出，越是能吸引流量和关注，并逐渐形成自己的亚文化圈层和忠实粉丝。如"郭语十级学者""土家军"等大学生群体自发组建的受众团体，各自在固定圈层寻找"归属感"和"认同感"。受众越是媚丑，就越容易催生审丑文化的盛行，网红与粉丝受众之间的恶性循环就越容易突破审美底线。抛弃审美眼光而进行狭隘的审丑，将审丑作为一种乐事、趣事，甚至是一种美事，不仅暴露了个别网红群体审美素养的极度匮乏，而且也是对审美底线的无情践踏。这看似是网红牺牲自己"形象"的娱乐狂欢，实则是对圈层内部群体的"文化误导"，甚至是对主流价值、主流文化的侵蚀和颠覆。

(二) 网络圈层中思想政治教育问题的应对策略

1. 虚实共筑思想根基

(1) 利用网络优势,筑牢线上线下思想阵地。即使在传播速度快、受众范围广、动员能力强的网络时代,思想政治教育理论课作为思想政治教育主阵地的地位并没有改变,且需要进一步加强。但在网络与现实界限越来越模糊的状况下,思想政治教育更需要与时俱进。一方面,要分析和研判网络问题,利用网络圈层整合教育资源。例如,主动创设信息化教育平台,整合网络资源呈现的时效性育人内容,利用信息技术将单调的理论与影视、漫画、网络游戏等趣缘素材充分融合,将现实空间的思想政治教育内容不断向网络空间延伸,调动不同圈层下成员的学习能动性和主动性,化被动为主动。另一方面,加强网络思想政治教育,多渠道做好线上舆论引导工作。网络圈层作为新兴场域,高校思想政治教育可通过多种方式在不同圈层唱响主旋律。比如,将社会主义核心价值观融入被资本和亚文化操纵的潮玩圈、粉丝圈、盲盒圈、二次元圈等圈层,引导人们树立正确的消费观、娱乐观,倡导积极、健康、向上的精神文化消费,形成合理的消费方式和消费结构。同时,还可以把主流文化融入电竞圈、动漫圈等娱乐产业,实现主流文化与娱乐文化的充分融合,使他们在快乐轻松的实践中自觉接受主流文化的熏陶。

(2) 显性教育与隐性教育相结合,实现全方位育人。一方面,通过显性教育旗帜鲜明地传播主流价值。思想政治教育者要旗帜鲜明地表明立场,以正确的方向引领来培育人们对中国共产党和中国特色社会主义的政治认同和情感认同。面对消费主义、娱乐至死等亚文化在不同小众圈层内部的渗透现象,这一点是强制的,也是必需的。另一方面,通过隐性教育潜移默化地创造良善的思想文化氛围。相较于显性教育开门见山式的直接灌输,隐性教育具有更加灵活的方式,更容易被大众接受,育人效果更加持久。例如,通过开展丰富多彩的社会实践活动渗透德育思想，以读书会、辩论赛、文体竞赛的方式宣传正确的价值观念，发挥优秀文化潜移默化的吸引力、感染力、影响力。"桃李不言，下自成蹊"的隐蔽式教育方式更能有效减少人们的排斥心理，对其心理和行为产生的影响往往比枯燥乏味且抽象的理论说教更深刻、更持久。

2. 软硬共掌话语权

（1）创新思想政治教育话语范式。独特的话语体系是网络圈层的显著特征，思想政治教育可以顺应这一新的话语生产来更新话语范式，通过话语入圈争取活跃于网络圈层的大学生。一方面，在话语表达上做到"官话民说、硬话软说"。语言具有情感和情绪的表达功能，年轻化、接地气、有情感共鸣的话语表达可以弥合话语鸿沟。因此，要通过加强主流文化与圈层非主流文化的语言共性以增进相互认同，强化思想政治教育与不同圈层文化之间的话语黏性。另一方面，在话语内容上坚持政治性和权威性。政治性是思想政治教育的核心内容，这说明思想政治教育话语不能片面追求娱乐化而刻意"讨好"学生。例如，以《新闻联播》团队为代表的央视新闻在抖音、哔哩哔哩、快手等平台的独特创作方式和表达方式备受年轻群体关注，主播朱广权一本正经地花式播新闻和"小猪佩奇""央视BOYs"等跨界组合瞬间"出圈"，年轻化和主播反差萌带给大众的惊喜使他们更乐于主动关注原本严肃的新闻信息，为主流声音融入年轻群体打开窗口，也为思想政治教育通过更新话语范式突破圈层提供有益借鉴。

（2）完善网络舆论监管机制，用法治保障网络空间的清、新、纯。网络舆论监管工作事关全局，需要把控好各个过程和要素。首先，网络治理主管部门用法律手段加强对网络运营商和网民两大主体的监督和引导，提高网络话语主体的综合素质。例如网络运营商可以在法律法规许可的范围内，利用信息技术对网络圈层的舆论传播确立相应标准，对不良、不实、有害信息进行自动化屏蔽或删除处理，达到规范圈层群体网络话语表达方式的目的，使其有序参与网络空间建设，让人们在潜移默化中养成网络文明素养。其次，道德规范与法律制约双管齐下，规范话语表达，可以加强法治宣传教育，做好网络法律法规的普及和学习，将法治教育和德育工作常态化、规范化、可持续化，有目的、有计划地引导人们明确自身网络行为所要承担的法律后果，自觉坚守法律底线，自觉维护清朗的网络环境。

3. 破立同构清朗圈层

（1）坚决破除伪圈层和负面圈层的文化外渗。俗话说"不破不立"，"破"作为"立"的条件，只有破除了旧的东西才能确立起新的东西。一是打破智能媒体时代工具理性的僭越。工具理性是当今世界经济和社会发展的主要推动力量，与大众日常生活有机融合，价值理性作为精神的重要补给，两者在大学生群体的成长成才过程中缺一不可，价值理性必须得到足够的重视并以其精神之维统摄工具理性的实践之思。二是打破"回音壁效应"和"信息茧房"，优化算法技术。大数据机器算法推送网络信息时具有严格的规律性和普遍性，一旦忽视了接收者的差异性，就需要利用带有能动性特点的人工算法弥补机器算法的缺陷，两者共存于信息推送全过程，为人们主动解构"回音壁效应"和躲避"信息茧房"提供技术支持。三是打破干预主流文化的腐朽思想。唯流量思维和资本驱动使内容生产的浮夸风气，以及西方文化渗透和低俗文化驱使的"劣币驱逐良币"现象在某些圈层肆意妄为，坚决用优秀传统文化、革命文化、社会主义先进文化等先进文化理论驱逐错误、腐朽思想，捍卫主流文化的凝聚力、引导力和影响力。

（2）重塑主流价值圈层。一方面，塑造主流价值主导下的精品圈层。即将主流价值融入不同网络圈层，以此成为各网络圈层个性化发展的价值基础，提升主流价值的思想引领力。基于此，思想政治教育者要及时关注不同网络圈层的舆论议题和社会热点话题，通过加强议程设置传播主流价值。若是正面议题，例如建党、建军、建国等重大纪念日，可以在关键节点造势并形成临时话题圈，增强主流文化教育的时效性；若是负面议题，也要抓住时机建立话题圈,把大众聚集在可控制话题圈内,用主流文化维系不同圈层之间的情感纽带,使其受到主流文化的濡染与引导,为构建网络文明社会减少舆论隔阂与对立。另一方面,非主流圈层要积极融入主流系统。非主流圈层可通过调整内容或话语主动融入主流秩序。比如,饭圈女孩扛起"祖国是本命"的大旗出征"开撕"香港示威者,用"种花家"的方式"守护最好的阿中"。这一行为改变了圈外人员对饭圈女孩的负面印象,让大众重新认识她们强大的号召力、组织力、战斗力,以及饭圈用语的特殊魅力。同时,个体要敢于"出圈",发挥主观能动性自主打破"回音壁效应"和"信息茧房",不局限于现有圈子,敢于跳出舒适圈,融入更多圈子,积极打破障碍,在保持和充分发挥原有圈层特点的基础上突破"小圈层",实现大众化"出圈"。

【案例讨论】

1. 你认为在"圈层文化"的影响下,思想政治教育面临哪些新课题?
2. 思想政治教育在"破圈"与"出圈"中如何发挥育人作用?
3. "圈层文化"普遍存在于青少年群体之中,面对这一情况,思想政治教育可进行哪些方面的改革创新?

【案例知识点】

1. 圈层化
2. 圈层文化
3. 主流价值圈层
4. 网络话语权
5. 思想政治教育分众化

【教学建议】

1. 本案例可用于"思想政治教育精准化"的教学，教师通过列举"破圈""出圈"案例，引导学生对其展开思想政治教育内容分析，尤其是要捕捉其中可能存在的育人资源和要素，培养学生理性看待"圈层文化"的意识和能力。

2. 可组织学生对"圈层文化"展开案例讨论，在思想交锋中寻找构建主流价值圈层的实践路径。

【相关教学资源】

1. 吴凯：《思想政治教育传播：一个参与治理的视角》，九州出版社2023年版。

2. 孙其昂、黄世虎：《思想政治教育学基本原理》，河海大学出版社2015年版。

3. 罗依坤：《互动仪式链视域下主流价值的"破圈"传播——建党百年融媒报道的创新实践》，载于《中国广播电视学刊》2022年第4期。

4. 孟威：《"新农人"短视频出圈与土味文化传播——"张同学"短视频现象级传播背后的理性思考》，载于《人民论坛》2022年第4期。

5. 王敏、李雨：《中国对外文化形象："西圈"指标、"出圈"壁垒与"破圈"机制》，载于《新闻与传播评论》2022年第2期。

6. 朱丽丽：《数字时代的破圈：粉丝文化研究为何热度不减》，载于《中国社会科学评价》2022年第1期。

7. 周琳：《"圈层化"视域下思想政治教育话语的破圈困境与出圈对策》，载于《学术探索》2021年第12期。

8. 曾一果、李蓓蕾：《破壁：媒体融合下视频节目的"文化出圈"——

以河南卫视〈唐宫夜宴〉系列节目为例》，载于《新闻与写作》2021 年第 6 期。

9. 刘明洋、李薇薇：《"出圈"何以发生？——基于圈层社会属性的研究》，载于《新闻与写作》2021 年第 6 期。

10. 马中红、胡良益：《无限连接：网络平台技术逻辑下的亚文化"出圈"现象》，载于《新闻与写作》2021 年第 6 期。

11. 张琳、杨毅：《从"出圈"到"破圈"：Z 世代青年群体的圈层文化消费研究》，载于《理论月刊》2021 年第 5 期。

12. 周葆华：《出圈与折叠：2020 年网络热点事件的舆论特征及对内容生产的意义》，载于《新闻界》2021 年第 3 期。

13. 崔凯：《破圈：粉丝群体爱国主义网络行动的扩散历程——基于对新浪微博"饭圈女孩出征"的探讨》，载于《国际新闻界》2020 年第 12 期。

（本案例由吴凯、王琴完成）

【案例概述 5-2】

我们用 4 万字告诉你 ChatGPT 到底是什么（上）（节选）*

ChatGPT 是一款功能强大的人工智能模型，其主要功能包括文本生成、聊天机器人、语言问答、语言翻译、自动文摘以及编程。文本生成能力使得 ChatGPT 能撰写各种类型的文本，如新闻、博客和代码，甚至创作诗歌和小说。作为聊天机器人，它能理解并回应用户的问题，保持对话连贯性，进行逻辑推演。在语言问答方面，ChatGPT 能识别问题并提供准确答案，适用于客户服务、医疗咨询和教育场景。此外，它还具备语言翻译功能，广泛应用于语音交互和翻译任务。自动文摘功能则有助于提炼大量信息，生成简洁摘要。ChatGPT 还能编写和优化代码，提升编程效率，甚至将文档转化为视频，服务于智能客服系统。ChatGPT 的出现引起了各界关注。比尔·盖茨称赞其为 2023 年的重大科技话题，认为这是划时代的应用。马斯克对其性能表示惊叹，但同时担忧人工智能的安全监管。微软 CEO 纳德拉预测 AI 将重塑所有软件，特别是搜索领域。国内专家张勇东则认为 ChatGPT 标志着人工智能技术的飞跃。这些评价揭示了 ChatGPT 的广泛应用前景，同时也提出了技术进步带来的挑战。

---

* 资料来源：《我们用 4 万字告诉你 ChatGPT 到底是什么（上）》，载于澎湃网，https：//www.thepaper.cn/newsDetail_forward_22181449，2023-03-09。

ChatGPT 在教育领域中扮演着举足轻重的角色，尤其在教学辅助、在线教育、个性化教育和学生评估等方面，显著提升了教育效果与公平性。首先，ChatGPT 能够提供创意思路，协助检索和整理相关资料，进而生成高质量的课程材料，为教学工作提供有力支持。其次，在教研备课过程中，ChatGPT 能有效参与，通过智能检索功能节省查询时间，提高教师备课效率。再次，ChatGPT 能帮助学生迅速搜索到所需知识点，扩展其知识面和深度，同时增加课堂的趣味性和吸引力。最后，利用 ChatGPT 生成测验和考卷，不仅可以全面评估学生的学习质量，还能帮助教师发现教学中的问题，从而提高教学质量。

【案例分析】

这篇文章主要论述 ChatGPT 是什么以及它对人们生活和思维方式的影响。作为生成性人工智能的代表，ChatGPT 火遍全网，并引发了教育行业的高度关注。从学科属性来看，这是一篇科学知识普及的文章，但却不乏有关思想政治教育原理与方法的内容，值得网络思想政治教育、思想政治教育传播学领域的研究者借鉴和参考。

基于大型语言模型进行理解和训练的聊天机器人 ChatGPT 为人工智能的发展开启了新纪元，各类新兴技术纷纷进入思想政治教育领域，这为思想政治教育数字化转型带来新的契机。

首先，ChatGPT 在自我注意机制方面可以帮助教育对象从大量数据中获取有用资源，然后基于特定任务进行学习训练，使教育对象在不断的训练和反馈中得到修正。

其次，ChatGPT 为思想政治教育过程提供更多的对话机会。ChatGPT 不同于以往人工智能提供的穿戴技术和创设的虚拟场域，它依靠的是双方的对话沟通。思想政治教育过程的关键则是使教育对象接受传递的内容并在认可的基础上，潜移默化地改变自己的思想行为。作为一款在云计算、海量数据库、人工智能算法架构和深度神经网络基础之上开发的聊天机器人程序，

ChatGPT 能创设对话式学习场景，在这个场景中，ChatGPT 的信息供给不是机械地复制、粘贴、拼凑，而是根据教育对象的需求，为教育对象量身定做信息。但由于种种因素的制约，现实社会中思想政治教育者无法一对一地与教育对象进行对话，而 ChatGPT 恰好能弥补这一个缺陷。

最后，ChatGPT 拥有海量的数据资源，可以为思想政治教育提供丰富的内容。思想政治教育以内容为王，ChatGPT 是基于大型语言模型进行理解和训练的聊天机器人，它所拥有的语言模本是不同于以往人工智能的泛化语言，具有针对性、情感性、逻辑性，是能够上下连接的语言，而不是简单的语言资源库。ChatGPT 可以通过分析教育对象的回答结果，输出恰当的，甚至是具有逻辑性的内容，这不仅优化了思想政治教育内容的传播过程，而且增强了思想政治教育的实效性。

ChatGPT 促进思想政治教育话语生产。思想政治教育效果在很大程度上受到思想政治教育话语的影响。一般来说，思想政治教育话语是由思想政治教育者在实践过程中根据教育对象行为所发出的话语。近年来，在数字技术的加持下，教育对象越来越多地参与思想政治教育话语生产过程，并且直接影响了思想政治教育话语的传播效果。作为一种人工智能内容生产技术，生产性是 ChatGPT 的显著特征。ChatGPT 基于海量语言模型，在对话中分析教育对象的实际特点，在数字资源库中对多话语素材进行匹配，进而生产和推测出适合教育对象特征的话语。在这个过程中，思想政治教育者是没有参与其中的，而教育对象在思想政治教育话语生产过程则承担了主体角色，这种话语输出模式既有可能加深教育对象对思想政治教育话语的理解，又有可能使教育对象在与 ChatGPT 的反复对话中修正自己的"错误"观念。这种方式改变了传统思想政治教育话语生产模式，颠覆了传统的主客体关系，客观上推动了思想政治教育的话语创新。

ChatGPT 推动思想政治教育数字化转型。ChatGPT 为思想政治教育数字化转型提供了新理念。思想政治教育理念随着社会变革不断更新，ChatGPT 作为人工智能新秀，不仅对人们的生活方式产生极大影响，而且对社会生产也带来了变革。思想政治教育在 ChatGPT 的影响下，不断学习、变革自身数字理念，生产出适合教育对象发展需要的思想观念。ChatGPT 更新思想政治教育传播方式，它比以往的人工智能更加"智能"，它所提供的人机对话摆脱了以往人工智能的虚拟场域和穿戴设备，可以更方便教育对象的广泛应用，客观上促进思想政治教育的数字化传播。

任何事物的发展都具有两面性，ChatGPT 与思想政治教育的结合也同样具有坏的一面。一方面，ChatGPT 可能会冲击思想政治教育的本真。思想政治教育不仅要求教育对象在实践生活中主动发现问题，而且还要在实际行动中改变自己的非理性行为。思想政治教育对象要主动、交互式地学习，通过分析整合，让新的知识内容成为自己成长成才过程的重要助推力量。但在 ChatGPT 的影响下，ChatGPT 仿佛是可以解决任何问题的"上帝"，它站在"上帝视角"为教育对象答疑解惑，让教育对象在不假思索的情况下就能即刻获得想要的答案。在这种情况下，教育对象将会丧失反思能力和批判精神，成为只接受知识内容的"投喂者"。另一方面，ChatGPT 可能会使教育对象的认知变得浅薄化。在 ChatGPT 营造的"沉浸式"环境中，教育对象不需要对所需知识进行分析整合就能从 ChatGPT 自动生成的内容中获取答案。但是在这种情况下，教育对象无法深入了解背后的理论依据，也无法培养自身更深层次的理论思考能力。例如，当面临一些常识性问题时，ChatGPT 的理解能力就存在一定的偏差，而且在中国语境，文字、语言具有"弦外之音"，对于一些含蓄、隐喻话语，ChatGPT 就无法正确理解其真正内涵。

【案例讨论】

1. 你用过 ChatGPT 吗？
2. 你认为 ChatGPT 可以应用于思想政治教育的哪些方面？
3. 你对 ChatGPT 与思想政治教育相结合持何种态度？为什么？
4. 你认为 ChatGPT 会颠覆思想政治教育的话语生产机制吗？为什么？

【案例知识点】

1. ChatGPT
2. 内容生产
3. 沉浸式场景
4. 思想政治教育话语
5. 思想政治教育者话语生产

【教学建议】

1. 本案例可用于"思想政治教育话语""思想政治教育内容生产"的教学，在数字时代，思想政治教育数字化转型面临种种契机，也同样面对种种挑战，在分析 ChatGPT 应用于思想政治教育过程的功能优势的同时，着重考察 ChatGPT 在思想政治教育中何以可能与何以可为。

2. 在讲述本案例后，教师可组织学生以 ChatGPT 为切入点，展开一次 ChatGPT 对话的实践体验，在实践中系统把握 ChatGPT 与思想政治教育的关系，增强学生利用人工智能获取思想政治教育的获得感。

【相关教学资源】

1. ［澳］狄波拉·勒普顿：《数字社会学》，王明玉译，上海人民出版社 2022 年版。

2. ［澳］安东尼·艾略特：《人工智能文化：日常生活与数字变革》，郝苗译，华中科技大学出版社 2022 年版。

3. ［美］南希·K. 拜厄姆：《交往在云端：数字时代的人际关系》，董晨宇、唐悦哲译，中国人民大学出版社 2020 年版。

4. 高奇琦、严文峰：《知识革命还是教育异化？ChatGPT 与教育的未来》，载于《新疆师范大学学报（哲学社会科学版）》2023 年第 5 期。

5. 王天恩：《ChatGPT 的特性、教育意义及其问题应对》，载于《思想理论教育》2023 年第 4 期。

6. 卢宇、余京蕾、陈鹏鹤、李沐云：《生成式人工智能的教育应用与展望——以 ChatGPT 系统为例》，载于《中国远程教育》2023 年第 4 期。

7. 焦建利：《ChatGPT：学校教育的朋友还是敌人？》，载于《现代教育技术》2023 年第 4 期。

8. 沈超：《ChatGPT：助力高等教育变革与创新型人才培养》，载于《国家教育行政学院学报》2023 年第 3 期。

9. 邱燕楠、李政涛：《挑战·融合·变革："ChatGPT 与未来教育"会议综述》，载于《现代远程教育研究》2023 年第 3 期。

10. 钟秉林、尚俊杰、王建华、韩云波、刘进、邹红军、王争录：《ChatGPT 对教育的挑战（笔谈）》，载于《重庆高教研究》2023 年第 3 期。

11. 陈永伟：《超越 ChatGPT：生成式 AI 的机遇、风险与挑战》，载于《山东大学学报（哲学社会科学版）》2023 年第 3 期。

12. 王少：《ChatGPT 介入思想政治教育的技术路线、安全风险及防范》，载于《深圳大学学报（人文社会科学版）》2023 年第 2 期。

13. 王佑镁、王旦、梁炜怡、柳晨晨：《ChatGPT 教育应用的伦理风险与规避进路》，载于《开放教育研究》2023 年第 2 期。

（本案例由吴凯、王小叶完成）

【案例概述 5-3】

主动应对教育数字化转型新挑战 *

全球经济正经历数字化转型,中国也在加快数字经济和数字中国建设。2022 年全国教育工作会议明确提出实施国家教育数字化战略行动,2023 年全国教育工作会议进一步提出要纵深推进教育数字化战略行动。

中国教育信息化的进程正以前所未有的速度推进,其中在线教学的迅猛发展尤为显著,它极大地促进了信息技术与教育教学的深度融合。各学校积极探索线上线下混合教学模式,致力于创新教学方式与评价机制,同时提供多语种课程并推进国际学分互认,为全球教育数字化转型树立了实践典范。

随着信息技术的蓬勃发展,知识的获取方式发生了根本性变化,这对学校作为知识权威的传统地位构成了挑战。在此背景下,教师的角色逐渐从单一的知识传授者转变为学习活动的设计者与指导者,进而形成了更加紧密的师生学习共同体。这一变革不仅颠覆了传统的学习过程,而且极大地鼓励学生进行自主学习、合作学习和探究式学习,推动了教育教学观念与方式的深刻变革。

面对数字化转型的迫切需求,数字经济人才的培养与关键技术的突破成为关键。学校需积极构建完善的知识体系,推动技术创新,并提供坚实的人

---

* 资料来源:《2022 全球智慧教育大会在京举办》,载于中国教育新闻网,http://www.jyb.cn/rmtzcg/xwy/wzxw/202208/t20220823_2110937136.html,2022-08-23。

力资源支持。同时,这一转型过程也对学校的学科专业结构、学科建设以及人才培养模式提出了严峻挑战。

快速发展的数字经济导致教育数字化转型面临一些治理问题。为应对这一挑战,需不断提升教育管理服务系统的智能化与信息化水平,积极创新人才培养模式,深化教育教学改革,重塑教育新形态。此外,还需优化内部治理结构,努力构建一个更加包容、多样且灵活的教育体系,以适应未来社会发展的需要。

【案例分析】

这篇新闻主要讨论了教育领域面对数字化应当如何转型的问题。作为教育的关键组成部分,思想政治教育应积极面对数字化转型。该领域需要注意哪些问题,以及应该从哪些方面进行转型,都是思想政治教育者需要关注的话题。

数字化转型给思想政治教育带来了新问题。中国教育信息化迅速推进,信息技术建设成效显著,在线教学快速发展。信息技术创造了新的主体、空间和场域,为思想政治教育发展提供了新的机遇。新事物的出现总是伴随着困难和问题,新事物与旧事物的交替需要一个内在消融的过程。思想政治教育在内容、方式、资源、技术等方面均面临着数字化转型的挑战,亟须在这些方面有所新作为。在数字化背景下,思想政治教育空间发生了新的变化。传统面对面、一对一的教学方式在数字技术的支持下变得更加智能,增加了教育对象在多场域、多层面、多时间内接受思想政治教育的可能性。思想政治教育主客体关系发生了变化,隐藏的教育主体和多变的教育客体不断转换关系,教育对象更加积极主动掌握主动权,不再单一局限于传统的接受与被接受、灌输与被灌输的关系。思想政治教育的传播手段更加智能,人工智能、AI、元宇宙、ChatGPT等新兴数字技术创新了思想政治教育的传播手段。

人的主体性是教育的核心,教育的发展就是为了更好地服务于人的发展。人只有成为主体性的人，才能创造物品、改造社会、实现发展。那么，在数字化转型中，人机融合不断深入发展，人的主体性越来越被机器占有乃至泯灭，面对这一棘手的问题，人如何成为本真的自己，并确保自身主体性的存在呢？一方面，规范教育资本。教育是国之根本，是个人成长成才的重要支撑，是国家发展的未来。在资本逻辑主导之下，教育有时候会沦为资本捞金的手段，而忽略了培养人才的本质需求。因此，我们需要规范教育资本，合理分配资金用于教育发展，并加大对中西部和农村地区的教育资金投入，以促进教育的均衡发展和创造公平的教育机会。另一方面，深化人机合作，让人成为机器的主人。机器是由人类所创造的，无论是在思想上还是行为上，人类都应该对机器拥有绝对的控制权。机器只能作为辅助人类生活的工具，而不能取代人类成为独立的存在。因此，在处理人机关系时，我们必须理性看待机器的工具属性，而不是沉迷于机器所设计的美好幻象。

在数字时代，思想政治教育需要不断满足教育对象的发展需求以实现自己的高质量发展，这是思想政治教育发生转型的重要原因。然而，思想政治教育数字化转型的确需要人们在思想观念上进行转变，但是思想的改变是一个漫长的过程，不是一朝一夕的事情，需要日积月累地慢慢深入。此外，思想政治教育数字化转型需要经济的有力支撑，无论是高校还是中小学，思想政治教育数字化内容、形式、机制并不丰富和健全，人们对何为思想政治教育数字化也存在一知半解的情况，甚至部分学校的数字化教学仍停留在"初级阶段"，并不能充分发挥数字技术在教育教学和育人过程的积极作用。可以看出，数字化转型注定是一个漫长的过程，需要政府机关、教育部门、教育工作者、社会人士、家庭、学生等多方力量的协同参与和努力，共同致力于相匹配、相协调、相促进的数字化教育教学过程。

【案例讨论】

1. 你在学习过程运用了哪些数字化工具？

2. 你认为教育数字化对你最大的影响是什么，你对教育数字化持什么样的态度？

3. 你认为思想政治教育应如何抓住教育数字化契机？

【案例知识点】

1. 人的主体性
2. 教育信息化
3. 教育数字化

【教学建议】

1. 本案例可用于"思想政治教育信息化""思想政治教育数字化"的教学。在分析思想政治教育数字化的转向和问题之后，着重考察思想政治教育应该如何转型，应该如何更好地适应教育数字化的新环境。

2. 在讲述本案例后，教师可组织学生以信息技术改变教育为切入点，展开一次数字化教育的实践体验，在实践中亲身感受思想政治教育数字化，以增强教育对象的教育获得感。

【相关教学资源】

1. 蔡连玉、金明飞、周跃良：《教育数字化转型的本质：从技术整合到人机融合》，载于《华东师范大学学报（教育科学版）》2023年第3期。

2. 余胜泉：《教育数字化转型的关键路径》，载于《华东师范大学学报（教育科学版）》2023年第3期。

3. 尚俊杰、李秀晗：《教育数字化转型的困难和应对策略》，载于《华东师范大学学报（教育科学版）》2023年第3期。

4. 余胜泉：《教育数字化转型的层次》，载于《中国电化教育》2023 年第 2 期。

5. 苗逢春：《数字文明变局中的教育数字化转型》，载于《电化教育研究》2023 年第 2 期。

6. 卢卫红、杨新福：《人工智能与人的主体性反思》，载于《重庆邮电大学学报》2023 年第 2 期。

7. 卢岚：《从互联网到 ChatGPT：思想政治教育的技术重塑与建构逻辑》，载于《探索》2023 年第 2 期。

8. 魏非、祝智庭：《面向教育数字化转型的教师信息化能力建设方略》，载于《中国教育学刊》2022 年第 9 期。

9. 祝智庭、胡姣：《教育数字化转型：面向未来的教育"转基因"工程》，载于《开放教育研究》2022 年第 5 期。

10. 蒙怡馨：《元宇宙与思想政治教育数字化发展》，载于《河海大学学报（哲学社会科学版）》2022 年第 5 期。

11. 祝智庭、胡姣：《教育数字化转型的实践逻辑与发展机遇》，载于《电化教育研究》2022 年第 1 期。

12. 杜薇：《隐忧与防范：现代技术介入教育的价值审视》，载于《教育研究与实验》2022 年第 1 期。

13. 赵健：《技术时代的教师负担：理解教育数字化转型的一个新视角》，载于《教育研究》2021 年第 11 期。

14. 吴凯：《区块链赋能思想政治教育的技术逻辑、风险挑战与实践策略》，载于《思想教育研究》2021 年第 6 期。

（本案例由吴凯、王小叶完成）

【案例概述 5-4】

AI 画作拿下一等奖：争议之余，
再谈媒介对人的延伸*

　　《新一代人工智能发展规划》《"互联网+"人工智能三年行动实施方案》《智能制造 2025》等战略文件，均明确指出了人工智能在推动经济社会发展中的核心地位。展望未来，人工智能的广泛应用将深刻影响社会经济生活的每一个角落。在此背景下，以 AI 绘画工具为代表的新兴媒介实践，其带来的机遇与挑战值得深入探讨。

　　2022 年 8 月，在美国科罗拉多州举办的新兴数字艺术家竞赛中，参赛者詹森·艾伦（Jason Allen）凭借其通过 Midjourney 这一 AI 绘画工具创作的《太空歌剧院》一举夺魁。此类案例并非孤例，随着人工智能技术的飞速发展，AI 内容创作已逐渐步入公众视野。回顾过往，2016 年即有 AI 程序与人类作家合作完成的短篇小说在日本星新一文学奖中崭露头角；2017 年，微软公司推出的"小冰"更是出版了全球首部由人工智能"创作"的诗集《阳光失了玻璃窗》；而 2022 年初，网易也宣布推出 AI 音乐创作平台，实现了在极短时间内完成词曲编唱的壮举。从 AI 写作到 AI 编曲，再到 AI 绘画，用户仅需输入关键词并选择特定风格，即可获得相应作品，人工智能的"全

---

* 资料来源：《AI 画作拿下一等奖：争议之余，再谈媒介对人的延伸》，载于搜狐网，https://www.sohu.com/a/587971736_121124374，2022-09-26。

能"特质日益凸显,其对人类社会的渗透力也愈发强大,甚至已开始涉足抽象的艺术领域。

不可否认,人工智能作为新兴技术的代表,充分展示了人类的创新创造能力。然而,其在实践中的应用也引发了广泛争议。例如,在艺术领域,AI画作的参赛资格问题便备受质疑,有人担心这是否构成了一种"高科技剽窃",进而对艺术的人性化表达提出挑战。实际上,人工智能作为技术"外脑",其本质是人类思维与智识的延伸,但与其他媒介技术相比,它更侧重于"生成"或"创造",而非简单的"使用"。这一特性使得人工智能在克服人类创造力局限方面展现出巨大潜力,但同时也引发了关于其是否真正突破人类创造力边界的深入讨论。

具体而言,AI绘画工具虽能辅助人们将抽象意识转化为具体作品,但在情感和灵韵的表达上仍存在不足。人工智能擅长模仿人类的理性认识,却难以捕捉那些基于情感、感性和灵感等难以言喻的非理性意识。艺术作品的魅力恰恰在于其能够触动人心、引发共鸣,而AI绘画作品往往因缺乏这些元素而显得空洞无物、缺乏灵韵。因此,尽管AI绘画技术不断进步,但其本质上仍是一种人机交互的数字艺术形式,其创作过程仍离不开人类的创造力与表达力。

此外,AI技术的广泛应用还带来了版权归属问题。版权作为保护创作者权益的重要手段,要求作品具有独一无二性。然而,在AI作品的创作过程中,创作者身份的界定却变得异常复杂。是AI工具本身、使用AI绘画工具的用户还是提供AI服务的平台?这些问题至今仍无定论。同时,由于AI作品往往基于大量素材进行深度学习生成,其原创性也备受质疑,容易引发抄袭等附加问题。

综上所述,AI绘画工具等新兴媒介实践在带来机遇的同时,也伴随着诸多挑战。如何平衡技术发展与人类创造力之间的关系、如何界定AI作品的版权归属以及如何提高AI作品的情感表达能力等问题都需要我们深入思考和探索。

【案例分析】

这篇文章主要讨论了媒介对人的延伸及其带来的一些挑战。从学科属性上来看,这是一篇关于传播学和艺术创作的文章,但却不乏有关思想政治教育原理与方法的内容,值得网络思想政治教育、思想政治教育传播学领域的研究者借鉴和参考。

人工智能一方面是人的思维和智识的产物,是依靠程序员智慧和学识建构起来的工具,另一方面又是人的思想意识的外延和人的技术"外脑",可以满足人们生活的需要。一种技术的内在逻辑是要么满足人们某种需求,要么实现个体某项功能的延伸。无论是 AI 绘画、AI 写作还是 AI 编曲,都是个体意识在这些方面的作用。那么,人们是否可以通过媒介技术创新思想政治教育内容呢?或者利用媒介技术提高思想政治教育的吸引力?这个问题牵涉到思想政治教育内容的创新。

内容创新是思想政治教育高质量发展的内在需要。思想政治教育内容不仅要有意义,更要有意思,如此才能提高吸引力,获得人们的赞同和认同。创新思想政治教育内容,一方面要在确保其"生命线"地位的基础之上,利用人工智能"生成"能够体现主流意识形态的内容,并涵盖现代人的政治素养和弘扬中华优秀传统文化的内容产品;另一方面可利用人工智能"创造"满足现代人心理需求、促进人的个性发展的内容产品,不断满足人们在数字时代的精神文化需要。

媒介技术加速了内容传播。媒介是人类功能的延伸,可以解决生活中的某些难题。人工智能具备模拟人类思维和解决问题的"能力",这为人们的日常生活带来了惊喜,包括在衣食住行方面也带来了新的变革。在数字时代,以大数据、人工智能、虚拟现实、增强现实、云计算、区块链、物联网为代表的新兴媒介技术日益融入社会生活,成为推动思想政治教育创新发展的重要力量,更是数字时代转型的关键因素。为了增强思想政治教育的有效性，我们需要充分利用新兴媒介技术，提高思想政治教育内容的传播力和感染力，尽可能扩大覆盖面和折射面。因此，思想政治教育首先需要融合多种信息输出终端和各类信息平台优势，抢占传播阵地；其次要借助社交网站、自媒体等新兴媒介传播优势，拓展传播渠道；再次要打造新型主流传播媒体平台，更新思想政治教育传播方法；最后要推进思想政治教育传播载体的良性互动，提升思想政治教育的传播合力。

当人工智能作品超越人类作品，尤其是当人工智能开始挑战人类底线时，机器就会对人类构成威胁。尽管AI绘画依赖于人类的创造力和表达力，但为什么AI画作能够在画展中获得成功，而人类的作品却未能拔得头筹呢？技术有一天是否会具备人类的意识并超越于人？人们制造技术的初衷是为了改善生活，但如果技术不再受人控制并超越于人，人是否会成为技术的从属？这是一个值得思考的问题。

在为党育人、为国育才的基础上，思想政治教育应当考虑技术可能走向异化的问题。技术异化是指人们利用技术创造出来的对象物，不但不是对人的本质力量和人的实践过程的充分彰显与积极肯定，而是反过来成为影响和压抑人的本质的力量。

首先，思想政治教育要以人为中心。将为党育人、为国育才置于教育过程的重要位置。技术是人类本质力量的展示，其设计和应用离不开人的主导与控制。然而，在资本逻辑主导下，技术可能成为非法获利的手段，或被不法分子利用以传播不良价值观。因此，技术赋能思想政治教育要牢牢掌握核心价值的社会要求，以立德树人为根本，传播正能量、传递好思想。

其次，思想政治教育要注重主体性问题。一旦思想政治教育者过度依赖技术，就很容易造成忽视"现实的人"的情况发生，难以发现受教育者思想动态变化和精神需求。而受教育者对技术的盲目依赖，就容易将自我全部交给机器，丧失理性思考的能力，成为"单向度的人"。在技术赋能之下，思想政治教育者需要掌握技术和育人的运行规律，分清主次关系，时刻明确思想政治教育的主导逻辑和社会要求。

最后，思想政治教育要注重人文关怀。技术本身是冰冷且缺乏温度的，而人机融合虽然能辅助思想政治教育者进行高效管理，但也可能淡化思想政治教育者与受教育者之间的关系。思想政治教育的育人任务不仅仅涉及宏观层面的知识传授和价值塑造，而且需要从微观层面的言传身教和情感引导入手。因此，在利用技术传递思想政治教育内容时，思想政治教育者需要平衡教学与育人之间的关系，加强对受教育者情感需求的关注，为他们提供更多正向的价值引导。

【案例讨论】

1. 你主要通过什么途径学习思想政治教育内容？
2. 你认为怎样利用媒介技术才能提高思想政治教育传播力？
3. 你认为思想政治教育传播可用在什么工作中？
4. 你认为思想政治教育者如何才能做好"把关人"的角色？
5. 你认为媒介技术会给思想政治教育带来哪些风险？为什么？

【案例知识点】

1. 实践创新
2. 创新扩散
3. 媒介技术
4. 网络传播
5. 思想政治教育传播
6. 思想政治教育有效性

【教学建议】

1. 本案例可用于"思想政治教育创新"的教学，在比较网络思想政治教育、思想政治教育传播学之间的异同后，着重考察思想政治教育在网络传播中的何以可能与何以可为。

2. 在讲述本案例后，教师可组织学生以网络传播为切入点，展开一次关于利用数字技术传播思想政治教育的实践体验，系统把握思想政治教育创新的实践要求关系，增强学生的思想政治教育获得感。

【相关教学资源】

1. ［美］E. M. 罗杰斯：《创新的扩散（第 5 版）》，唐兴通、郑常青、张延臣译，电子工业出版社 2016 年版。

2. 张勇、张玲：《新时代思想政治教育创新研究》，中国社会科学出版社 2019 年版。

3. 熊建生：《思想政治教育内容结构论》，中国社会科学出版社 2012 年版。

4. 黄冬霞：《场景化传播驱动思想政治教育创新的时代价值和实践策略》，载于《思想理论教育》2022 年第 11 期。

5. 王慧媛：《探索元宇宙：思想政治教育媒介的进化与创新》，载于《学术探索》2022 年第 10 期。

6. 李厚锐：《智能媒体赋能高校思想政治教育创新探究》，载于《思想理论教育》2022 年第 7 期。

7. 王立群、杨芸伊：《"人工智能＋思想政治教育"：生成、风险及应对》，载于《湖南社会科学》2022 年第 4 期。

8. 崔建西、白显良：《智能思政：思想政治教育创新发展的新形态》，载于《思想理论教育》2021 年第 10 期。

9. 万美容、吴倩：《新时代思想政治教育内容有效供给论析》，载于《马克思主义理论学科研究》2020 年第 6 期。

10. 蔡超：《义脑·涌现·连接——媒介延伸视角下的强人工智能》，载于《理论月刊》2020年第4期。

11. 孙建晓、孙其昂：《论思想政治教育内容形态》，载于《思想教育研究》2019年第1期。

12. 徐菲、戴锐：《思想政治教育内容变迁的社会动力研究》，载于《思想教育研究》2018年第7期。

（本案例由吴凯、王小叶完成）

【案例概述 5-5】

《孤勇者》的"破圈"与跨媒介叙事*

《孤勇者》作为《英雄联盟：双城之战》的中文主题曲，由唐恬作词、钱雷作曲、陈奕迅演唱，于 2021 年 11 月 8 日正式发布。该歌曲迅速在各大短视频平台走红，并成为小学生们传唱的热门"儿歌"。尽管其歌词内容与传统儿歌相去甚远，但其激昂的旋律和积极向上的主题却深受小学生喜爱。

回顾"80 后""90 后"的儿歌，如《让我们荡起双桨》《鲁冰花》等，均属于内容纯正、旋律优美的儿歌范畴。而《孤勇者》则以其独特的风格和深刻的主题，成为众多积极向上、具有教育意义的短视频的背景音乐。这些视频涵盖了英勇扑火的消防员、随时处在危险中的缉毒警察等主题，激发了小学生们的爱国情感和对英雄人物的敬仰。

《孤勇者》的歌词中充满了激昂的情绪，如"致那黑夜中的呜咽与怒吼""谁说站在光里的才算英雄"等，这些词句触动了孩子们内心深处的热血和激情。他们通过二次创作，将《孤勇者》的旋律与新的歌词相结合，既满足了自己的好奇心和新鲜感，又引发了共鸣和进一步的传播。

随着互联网和移动媒介的普及，小学生们接触网络热词、热梗、热曲的机会越来越多。《孤勇者》作为一首讲述勇气和努力的歌曲，与正向积极的

---

* 资料来源：《学者点赞儿歌〈孤勇者〉：具有召唤力 老少皆宜》，载于光明网，https://culture. gmw. cn/2024 - 03/21/content_37215065. htm，2024 - 03 - 21。

短视频相结合,加速了其传播速度。同时,歌曲中所承载的奋斗和拼搏精神也融入了各种以《孤勇者》为背景音乐的动人故事中,进一步丰富了其内涵和表现形式。

短视频新媒介的兴起为《孤勇者》的传播提供了更广阔的平台。在这个数字时代,分散的大规模叙事讲述为新的文化景观形成提供了基础。学生们通过学校多媒体观看《孤勇者》相关视频,不仅加深了对歌曲的理解和认识,还通过合唱等形式展现了团结和合作的精神。

综上所述,《孤勇者》的走红并非偶然现象,而是其深刻主题、激昂旋律以及广泛传播媒介共同作用的结果。这一现象也启示我们,要讲述大众喜闻乐见的故事,就需要不断推陈出新、与时俱进,使传播的魅力能够持续下去。

【案例分析】

这篇文章主要讲述了流行歌曲《孤勇者》凭借其"上头"的旋律和极强的情绪带动和感染力,在年轻一代群体中"出圈"的现象,并介绍了由此所产生的社会影响。文章首先分析了《孤勇者》"出圈"的原因,具有便于记忆的口语化歌词、利于传唱的洗脑旋律、激发情绪的正能量歌词、主题积极且故事性强的叙事特征。其次,孩子们对歌曲的混剪及二次创作歌词,扩大了歌曲本身的影响力,带来了与歌曲精神导向一致的连锁效应,体现了跨媒介叙事的优势。这首原本是游戏动画主题曲歌曲"出圈"后,媒体将其与新闻视频混剪,将新闻渲染出更加具有感染力和传播力的效果,将这首歌的旋律、内涵与众多英雄人物相联系,与不惧生死、为民奉献的"逆行者"消防员和新冠疫情期间奋战在抗疫一线的医护人员等群体相联系,引起了众多网友对这些群体的理解和崇敬,在一定程度上加深了群体间的情感联系,让歌曲起到了教育意义。从歌曲《孤勇者》的影响力来看,它对思想政治教育具有一定的借鉴意义。

为什么思政课堂"抬头率"不高,参与率和互动率低下?作为大学生公共课程的思政课,长期以来存在教师讲课吸引力不强、枯燥乏味、硬性灌输的情况。但是，一旦教师开始讲述生动的故事，无论是教师自己的励志故事或者人生百态、社会现象、国际风云等方面的故事，课堂吸引力明显得到显著提升。其实，这便是故事自身的吸引力所在。那么，可否将讲故事与思政课堂相结合，以提升思政课的吸引力、亲和力、感染力呢？

从思想政治教育的角度来看，虽然其内容具有固定性，但在内容的选择上，我们可以从不同的角度出发，用更为细节的方式去挖掘人们耳熟能详的故事，诉说人们不知道的细节，以增强故事的吸引力、传播力和影响力。以长征精神为例，虽然人们都知道红军长征的艰难困苦，但我们仍可以从其他角度挖掘不为人知的细节，以新角度"讲好中国故事"并吸引受众。如抖音账号"画渣花小烙"通过可爱有趣的漫画画风和富有感染力的女声配音进行科普，讲述日常生活中鲜为人知的现象，并解答相关问题，相关视频得到182.8万次点赞和22万余条转发。在对大学生进行思想政治教育时，思想政治教育者需要深入挖掘身边模范人物事迹、感人故事、普通人的不平凡经历，甚至是工作在不同岗位上默默耕耘的人民群众。例如那些保护人民生命安全的逆行者消防员、送外卖途中救人一命的外卖小哥等，这些都是身边充满感动和启示的例子。因此，叙事内容的选取对思想政治教育的吸引力、传播力和影响力都有着至关重要的影响，可以用身边感人故事激起大学生乐于奉献的社会责任感。

从传播方式来看，《孤勇者》的走红，不仅源于其利用多种渠道和平台进行传播，而且还巧妙运用口语化的歌词表达，使作品变得通俗易懂。这对思想政治教育而言，意味着要根据不同群体和环境的特点，将晦涩难懂的语言转化为更口语化的表达，使其贴近生活，易于被人们所接受。在口语化表达促进传播影响力的案例中，我们可以参考一些横幅标语。如果采用普通的表达方式，很可能缺乏吸引力；但如果运用生动活泼的语言，不仅能吸引受众的眼球，还能帮助他们记住宣传内容，甚至达到复述和背诵的效果。这种传播方式采用了跨媒介叙事的方法。思想政治教育也可以借鉴跨媒介叙事的优势，推动思政课堂与跨媒介叙事的统一。

加拿大学者马歇尔·麦克卢汉曾提出著名的"媒介即讯息"理论：新媒介的产生会开创新的社会生活方式。在信息技术高度发展的全媒体时代，提升思想政治教育话语的传播力和影响力，需要借助人们日常生活中习惯使用的工具和产品作为载体和媒介。因此，思想政治教育不能只依靠学校的思政课程和课程思政发挥作用，还需要高校充分利用网络平台的优势，将思想政治教育内容进行跨媒介叙事。有学者认为，在不同平台上传播核心观念相同的思想政治教育内容，可以超越单个媒介的作用，形成通感效应。跨媒介叙事具有多元主体参与、价值观念统一和传播面广的特点。需要注意的是，跨媒介叙事不仅仅是跨媒介传播，还需要用户共同参与，对思想政治教育故事内容进行延展，如此才能实现跨媒介叙事的最终目的。跨媒介叙事为讲好中国故事提供了有利条件，通过跨媒介叙事这一中介，人们可以从细节、新颖的角度对故事进行挖掘、延展和升华，促进思想政治教育内容的创造性转化和创新性发展。

跨媒介叙事对思想政治教育内容传播具有积极的促进作用。其一，多媒介平台共同叙事可以营造良好的思想政治教育氛围，促进受教育者的多角度理解并加深其认知，拉近教育者与受教育者的心理距离。其二，跨媒介叙事需要网民的参与，除了党媒平台如"青年大学习""学习强国"之外，社交App如抖音、微博、微信也可以成为传播平台，吸引用户观看、答题、讨论和创作。其三，跨媒介叙事的目的是对思想政治教育内容和立意进行延展。例如网民创作的历史普及动画《那年那兔那些事儿》，讲述近现代中国发生的重大事件，画风可爱，剧情感人，引起广大网友对历史故事的喜爱与探讨。网民创作科普动画，延展了思想政治教育的内容，成为故事的传播者与受教育者。如《孤勇者》凭借其积极的主题、朗朗上口的旋律和"出圈"歌词，使人们将其与新闻视频混剪，与众多正面人物相联系，扩大了思想政治教育的辐射范围。又如《美丽中国》MV在抖音短视频平台掀起用户跟风创作热潮，大众身处景点现场宣传祖国大好河山的场景配上激情澎湃的音乐，歌词中"山绿起来，人富起来，天地间回荡着中国节拍"，整个画面充满正能量，有利于激起受众的爱国情怀。

为了推动思政课堂与跨媒介叙事相结合，拓展思想政治教育资源传播平台，扩大辐射范围和影响力，需要高校和社会共同发挥作用。在高校层面，首先需要提升教师的数字素养，培养教师运用先进数字技术的能力，加强教师的政治敏感度和对热点问题的捕捉能力，培养教师的创新和二次创作能力，以丰富思想政治教育内容。此外，高校应重视思想政治教育在人才培养中的关键作用，与各大网络平台合作，创作有吸引力且价值导向明确的作品，实现思想政治教育在线上和线下的协同育人。在社会层面，宏观政策支持和引导是必要的，需要平台的配合和媒体的助力，从多个方面促进全过程的育人工作。

不过，正如案例最后所说，《孤勇者》作为一个成功案例不易复制，且热度存在时间上的有限性。跨媒介叙事为思想政治教育创新更多作品提供有益借鉴，但也带来了一些问题，如何选择热门题材、如何保持热度，都需要思想政治教育者在二次创作中认真思考。在泛娱乐化的影响下，人们倾向于接受轻松、愉悦、舒适的内容，而思想政治教育的严肃性使得现代人疲于被教育，甚至对其产生抵触情绪，这对思想政治教育的开展是不利的。为了改变这种情况，有必要将思想政治教育内容"软化"，将其与影视作品相结合，衍生出《战狼》《长津湖》等爱国主义题材电影，将其与歌曲结合创作出《有我》《万疆》，将其与舞台作品结合创作出《只此青绿》，这些显然更容易受到观众的喜爱。但是热度一过，它们所带来的影响力终将无法避免地递减，甚至无法经受新一轮"危机"的出现便消失了。

因此，现阶段的思想政治教育研究，可否从如何保持影响力、如何塑造人物影响力入手？例如，中国"外交天团"在外交发布会上的语言魅力、发言魄力，无不展现了大国形象，赢得中外众多网友的喜爱，吸粉无数。事实表明，人们对某一人物的喜爱也会变相地转化为对其语言内容的赞同，这对于提高思想政治教育质效具有重要的借鉴意义。总之，思想政治教育道路任重道远，需要与时俱进，需要多方面创新，以保持思想政治教育内容的吸引力、感染力、影响力、生命力。

【案例讨论】

1. 你认为在对思想政治教育内容的多角度挖掘方面，会出现什么新情况？需要注意哪些问题？

2. 跨媒介叙事面临哪些问题？需要怎么克服？

3. 如何把握思政课堂与跨媒介叙事的关系？

【案例知识点】

1. 跨媒介叙事
2. 思想政治教育内容
3. 思想政治教育话语
4. 思想政治教育传播

【教学建议】

1. 本案例可用于"思想政治教育跨媒介叙事""思想政治教育内容创新"的教学，着重考察思想政治教育如何与媒介融合，如何在内容和形式上创新，以增强思想政治教育影响力。教师可让学生搜集关于思想政治教育跨媒介叙事的影视、音乐、短视频等，并分析其中具有吸引力或不具有吸引力的原因。

2. 教师可设定一个思想政治教育主题，让学生自行设计框架，从什么角度切入，以什么内容呈现，以准确表达主题并实现有效传播。

【相关教学资源】

1. 邓祯：《跨媒介叙事：中国故事国际传播的升维》，载于《中国编辑》

2023 年第 10 期。

2. 涂刚鹏、段港回：《算法时代思想政治教育叙事的转向与优化》，载于《思想教育研究》2023 年第 7 期。

3. 崔亚娟：《融合与变身：中国非遗纪实影像的跨媒介叙事》，载于《当代电影》2023 年第 6 期。

4. 张书端：《科幻剧〈三体〉的跨媒介叙事与多元文化价值》，载于《电视研究》2023 年第 5 期。

5. 余苗、吴雨晴：《IP 有声书跨媒介叙事策略研究——基于大众审美转变视角》，载于《中国出版》2022 年第 23 期。

6. 宫长瑞、张迎：《人工智能时代思想政治教育叙事的转向及其实践》，载于《思想教育研究》2022 年第 9 期。

7. 袁铭、刘菁、张旭：《"Z 世代青年"网络媒介素养的强化路径——以〈孤勇者〉"破圈"为例》，载于《编辑学刊》2022 年第 6 期。

8. 陈枻豪、黄钟军：《路径与突围：IP 影视剧跨媒介叙事策略研究》，载于《中国广播电视学刊》2021 年第 9 期。

9. 温小平、何华珍：《社会记忆与思想政治教育叙事建构、挑战及优化》，载于《思想教育研究》2021 年第 8 期。

10. 张铮、刘钰潭：《全景画馆中红色基因的跨媒介叙事》，载于《江西社会科学》2021 年第 6 期。

11. 张小荣：《叙事学视野下的跨媒介叙事论》，载于《艺术传播研究》2021 年第 2 期。

12. 杨盈龙、孙百卉：《媒介融合时代传统文化节目的"故事世界"建构——从跨媒介传播到跨媒介叙事》，载于《中国电视》2019 年第 12 期。

13. 温小平、符成彦：《思想政治教育叙事转向与国际传播》，载于《思想教育研究》2018 年第 5 期。

（本案例由吴凯、彭清颖完成）

第六编
网络传播与人际关系

　　本编内容着重探讨了在数字时代背景下，网络传播对人际关系和思想政治教育的影响。通过案例分析，我们将引导读者思考个体在网络传播中所面临的价值观选择，以及如何培养正确的思想政治教育观念，以期帮助读者理性认识网络传播中的问题，积极应对现实生活中的挑战。

【案例概述6-1】

想象的观众：微信朋友圈中的自我呈现＊

戈夫曼的"拟剧理论"揭示了人们在社交中的表演行为，特别是"前台"与"后台"的概念。在微信朋友圈这一基于熟人的社交场景中，用户面对的"想象的观众"主要是亲密的朋友和亲人。他们通过精心挑选的照片、文字等符号进行前台表演，展示个性与情感。同时，微信朋友圈也提供了后台空间，让用户可以在发布前准备和编辑内容，展现日常生活中不常展现的一面。这种前台与后台的转换，使得微信朋友圈成为青年真实情感宣泄的隐秘之地。

微信朋友圈还促进了不同"圈子"的形成，如同事、密友、兴趣爱好者等组成的剧班。他们在日常状态更新中共同上演自我呈现的剧情，并通过非正式的姿势和表情语言传达共谋的舞台提示。然而，在微信朋友圈的表演互动中，也存在"不协调角色"，他们虽然知道剧本的秘密，但通常选择保持沉默，以维护前台形象。这种复杂的社交互动，使微信朋友圈成了一个多维度的网络空间，人们在其中不断切换身份和角色。

总之，微信朋友圈作为"微世界"中的一个重要维度，不仅反映了人们在社交中的表演行为，还揭示了网络空间中复杂的社会关系和互动模式。它

＊ 资料来源：《我是谁——微信朋友圈中的自我呈现》，载于人民网，http://media.people.com.cn/n1/2016/0321/c14677-28212869.html，2016-03-21。

值得我们进一步探索和研究。

【案例分析】

  这篇文章主要讨论了新媒体的传播样态及其对受众行为的影响。从传播学视角透视这篇文章中的思想政治教育问题，可以有以下启示。

  微信朋友圈何以促进人的个性化发展，即如何从朋友圈的"自我呈现"观察和思考个体的思想动态和行为倾向？作为一项极具意识形态属性的实践活动，思想政治教育能够引导个体的思想关系发展，使个体朝着社会共同体的价值目标努力前进。在微信朋友圈，"自我呈现"既是一种个体价值的勃发，也是个体主观建构社会关系的表现。对个体自我发展而言，何种个体价值和社会关系是必需的呢，它们是否受到一定的价值规约？

  微信朋友圈是个体日常生活的行为呈现，具有私人性的特征。然而，朋友圈一旦向他人开放，就意味着私人性的内容具有了公共性的特征，微信朋友圈就具备了社交媒体的功能，即个体通过微信朋友圈可与他人进行文字互动和社会交往。在这种情况下，个体能否通过发布朋友圈或者浏览他人朋友圈而获得一定的社会资源呢？在微信朋友圈，个体之间的点赞、转发、评论，其实就是在思想、情感、心理、文化方面同他人的社会互动。虽然其中不乏一些"吃瓜"心态，但就行为的实质而言，朋友圈的"点赞之交"逐渐成为人们构建网络交往关系的重要途径，甚至成为个体融入某一圈子的主要手段。

  需要进一步思考和探讨的是，思想政治教育可否通过微信朋友圈达到"出圈"的目的？网络空间内容种类繁多，真真假假，不乏存在不良倾向和诱导性质的文本内容，有的甚至以"标题党"方式博取眼球，赚取流量。近两年，互联网"出圈"现象频发，每隔一段时间就会有一些上千万播放量的短视频和流行梗。其实，这些都可以作为思想政治教育资源加以有效利用，即通过观念、传播的方式深入观察"出圈"背后的实质，结合互联网新技术将其纳入思想政治教育内容范畴并加以合理化改造，以新的话语方式、话语风格、话语内容吸引更多的年轻受众，达到扩大思想政治教育吸引力、感染力、作用力的目的。

【案例讨论】

1. 你在微信朋友圈遇到过哪些"出圈"现象，你持何种态度？
2. 比较人际传播、群体传播对思想政治教育的影响。
3. 你认为网络传播会给思想政治教育带来哪些挑战？为什么？怎么办？

【案例知识点】

1. 思想关系
2. 群体互动
3. 网络传播
4. 思想政治教育个体价值

【教学建议】

1. 本案例可用于"思想政治教育个体价值"的教学，在比较网络思想政治教育、思想政治教育传播学之间的异同之后，着重考察思想政治教育在网络传播中的何以可能与何以可为。
2. 在讲述本案例后，教师可组织学生以网络传播为切入点，展开一次有关微信朋友圈"自我呈现"的实践体验，在实践中系统把握思想政治教育传播关系，增强学生在思想政治教育过程中的获得感。

【相关教学资源】

1. ［美］南希·K. 拜厄姆：《交往在云端：数字时代的人际关系》，董晨宇、唐悦哲译，中国人民大学出版社 2020 年版。

2. ［英］詹姆斯·柯兰、娜塔莉·芬顿、德斯·弗里德曼：《互联网的误读》，何道宽译，中国人民大学出版社 2014 年版。

3. 陈素白、项倩：《自我表露动机与角色压力视角下的朋友圈隐私管理机制研究》，载于《新闻大学》2022 年第 12 期。

4. 张杰、马一琨：《从情境崩溃到情境再分离：社会—关系情境中的用户社交媒介实践——基于微信朋友圈"仅三天可见"的研究》，载于《国际新闻界》2022 年第 8 期。

5. 张瑜：《论思想政治教育传播媒介的主要特征、历史发展及其影响》，载于《思想理论教育导刊》2020 年第 12 期。

6. 陈阳、张睿丽：《仅自己可见的朋友圈：社交媒体想象的互动》，载于《现代传播（中国传媒大学学报）》2020 年第 12 期。

7. 谭春辉、王一君：《微信朋友圈信息分享行为影响因素分析》，载于《现代情报》2020 年第 2 期。

8. 李耘耕、朱焕雅：《朋友圈缘何而发：社会心理视阈下大学生微信自我呈现策略及影响因素研究》，载于《新闻记者》2019 年第 5 期。

9. 蒋建国：《微信朋友圈泛化：交往疲劳与情感疏离》，载于《现代传播（中国传媒大学学报）》2016 年第 8 期。

10. 刘一鸥、陈肖静：《微信朋友圈"点赞"行为文化表达的逆向思考》，载于《当代传播》2015 年第 4 期。

11. 魏宝涛：《从"互动"到"运动"：微信朋友圈"点赞"行为的意义构筑与弱化》，载于《中国图书评论》2014 年第 8 期。

12. 詹恂、严星：《微信使用对人际传播的影响研究》，载于《现代传播

（中国传媒大学学报）》2013年第12期。

13. 赵高辉：《圈子、想象与语境消解：微博人际传播探析》，载于《新闻记者》2013年第5期。

14. 聂磊、傅翠晓、程丹：《微信朋友圈：社会网络视角下的虚拟社区》，载于《新闻记者》2013年第5期。

（**本案例由吴凯、郭晓玲完成**）

【案例概述 6-2】

网络社交新迷思：人人讨厌已读不回，人人都在已读不回*

社交软件的兴起极大地促进了人际交往的便捷性，用户通过简单的消息发送即可实现话题、事件及各类信息的即时分享。然而，分享者往往期待获得对方的即时回复，若未获回复，部分用户可能会产生不满或愤怒情绪。这种"已读不回"现象在日常生活与工作中屡见不鲜，且往往互为因果，即个体可能既是"已读不回"的施加者，也是其受害者。

已读回执作为一项技术功能，旨在通过后台技术向信息发送者确认信息已被接收并阅读。随着移动网络的快速发展，为提高沟通效率，该功能被广泛应用于各类社交软件，包括但不限于办公、恋爱交友、电子商务及公开社交平台。在互联网发展的初期，已读回执无疑具有积极意义，但随着其普及，也逐渐引发了用户的焦虑情绪。尽管如此，在某些特定领域，如办公协作、情感交流及商业沟通中，已读回执仍展现出其独特的价值，有助于提升工作效率、促进情感交流及优化商业决策过程。

全媒派调研显示，多数用户对于信息是否得到反馈持有高度关注，且普遍经历过"已读不回"的尴尬境地，进而引发一系列社交困扰。这种普遍存

---

* 资料来源：《网络社交新迷思：人人讨厌已读不回，人人都在已读不回》，载于搜狐网，https://www.sohu.com/a/593119392_121124289，2022-10-16。

在的现象揭示了人们在数字交往中的复杂心态:既厌恶被忽视,又难以避免自身成为忽视他人的主体。

深入分析"已读不回"现象,其成因可归结为两点:一是信息处理优先级问题,个体在面对海量信息时,会根据自身需求与判断设定处理顺序,导致部分低优先级信息被忽略;二是心理层面因素,人们在寻求外界认可与回应的过程中,若遭遇忽视,易引发自尊心受损、内耗加剧乃至愤怒情绪。

此外,网络社交中的"选择性回避"与"永久在线"状态之间的矛盾,也深刻影响着用户的信息处理行为。面对这一复杂的信息环境,"已读不回"现象或将持续存在,并对人们的情绪与社交关系产生深远影响。在此背景下,如何平衡数字交往中的权利与义务、减少由此产生的社交问题,成为一个亟待解决的重要课题。

【案例分析】

这篇文章主要讨论了当前社交平台已读回执功能所引起的"已读不回"现象及个体对此的看法和感受。从实践层面来看,由这篇文章指出的人际交往中存在的"选择性回避"问题,可以使人联想到思想政治教育实践活动中师生互动存在的现实问题,这对建立思想政治教育评价机制、提升思想政治教育有效性、推动思想政治教育数字化转型具有一定的启发意义。

如何避免思政课堂中的"已读不回"?思政课堂中的"已读不回"是指学生对教师的互动邀请没有作出回应。"已读不回"指向思想政治教育活动开展了、学生听了,但他们是否真正听进去,是令人存疑的。在线下课堂,处于同一空间的师生双方能够即时收到对方发出的消息,始终处于"已读"状态。学生对教师的"回"与"不回"是学生在课堂上对教师和教学内容的一种反馈,可以反映出学生对课堂教学内容的接受度和认可度,这也是对课堂教学效果和学生学习情况的一种检测。当学生对教师信息"已读不回"时,就需要考虑教育者、教育内容、教育方式、教育环境等因素对受教育者的影响，师生关系不融洽、教育内容缺乏吸引力、教育方式不恰当、环境中的干扰因素过多等，这些都有可能导致学生"已读不回"。

避免思政课堂中的"已读不回"，需要在以下几个方面提出要求。其一，思想政治教育者积极转变教育观念，以有效沟通代替单向输出，善于用对话、交流方式了解学生不愿意回应的原因，适时作出调整，在说服教育中渗透以身作则、言行一致的榜样力量，使学生敢于、乐于互动。其二，在符合社会要求的前提下，思想政治教育内容与方式要不断贴近生活、贴近个人。空泛、晦涩的内容往往难以引起学生共鸣，使得学生无法给予回应。在思政课堂中引入与学生个人生活经验相对应的内容，有利于学生从自身经验出发进行交流和互动。其三，建立良好的课堂互动环境，减少课堂中容易让学生"出戏"的环境因素，避免学生因为注意力分散而无法给予有效回应。同时，还需要营造融洽的思政课堂氛围，教师引导学生通过小组活动、个人发言等形式，促使学生积极参与课堂讨论并表达意见，教师及时对学生意见予以反馈和评价，鼓励学生共同学习，共创良好的互动环境。

思想政治教育数字化转型如何避免"已读不回"？这个问题蕴含着对思想政治教育数字空间教育方式和质量提升的探索。作为对现实教学补充的在线教育，它主要利用多媒体、网络技术和计算机技术实现学生和教师的交互活动。学生通过设备终端对老师讲授内容进行观察、记录与提问，老师在另一端回应学生。在这一互动过程，大数据可以记录每一个学生的回答次数、回答问题的质量以及课堂的互动情况，互动结束后可以通过课堂测验直观了解学生的学习效果以及老师的授课情况。但是，随着技术的进一步发展，数字空间教学的应用范围变得广泛，数字教育逐渐从线下教育的补充形式，发展成为主要的教育形式之一，并由此对思想政治教育活动质量带来更大的挑战。

数字技术在拓展思想政治教育应用场景，打破思想政治教育时空界限的同时，很有可能将思想政治教育过程置于"黑箱状态"。这就意味着，思想政治教育主客体之间、思想政治教育内容与个体之间的对接需要数字技术的转化作用，从中产生的时间差就会使学生的"已读不回"成为大概率事件，从而导致思想政治教育有效性难以得到保证。思想政治教育有效性指向思想政治教育过程与目的、内容与结果的对应问题，关乎思想政治教育的高质量发展。检验思想政治教育质量，可通过优化评价机制深入解析和直观呈现思想政治教育的信度和效度。

其一，建立多元的评价体系，从个体行为维度提升思想政治教育评价的科学性。科学合理的评价体系是提高思想政治教育质量的重要环节。利用数字技术建立多元的思想政治教育评价体系，针对教育主体、教育客体、教育介体、教育环境的实际情况，建立可视化、动态化的评价标准和多元化的评价体系，根据学生学习生活以及相关领域发展状况进行量化分析评估。在确保学生参与评价行为符合学校和教师设计要求的前提下，可将信息进行有效反馈。依托云计算的超大型数据库记录和分析反馈数据，将反馈信息作为思想政治教育评价的重要参考依据，以弥合思想政治教育精准教学在数字技术应用中的时间差、空间差和平台差。

其二，构建以知识图谱为基础的数据分析框架，建构多维数据指标的思想政治教育评价体系。知识图谱通过信息技术理论、计量学引文分析等方法，利用可视化图谱形象地展示学科的核心结构、发展历史、前沿领域以及整体知识架构。以知识图谱为基础的思想政治教育评价体系与传统评价体系相比较，具有更加系统、完善、精准的优势。思想政治教育评价是一项复杂的系统工程，需要对其进行全面研究和深入分析。为此，需要有针对性地建构一套客观、全面、科学且具有操作性的评估标准，并以此为依据对主体进行综合评价，更好地实现立德树人的根本任务。

其三，完善以大数据技术为支撑的学生成长评价体系。一方面，充分利用信息技术优势，整合教育资源，优化培养模式、课程设置和人才培养目标，以大数据技术为支撑，构建数据分析框架开发学生成长评价系统，对学生成长过程进行全方位记录，通过信息分析为人才培养提供决策依据；另一方面，建立人机交互的互动机制，为思想政治教育评价提供丰富的数据资源。数字化场景中的思想政治教育师生互动环节需要机器作为中介，人与人的互动转化为人与机的交互，机器依托人工智能等数字技术及时捕捉个体意识动向和行为趋向，实现话语信息的数字交互和动态更新，提升了学生与教师互动的有效性，激发出思想政治教育在数字空间的发展活力。

【案例讨论】

1. 在网络社交平台，你什么时候会选择"已读不回"？
2. 如果他人对你的消息"已读不回"，你是什么感受？
3. 你如何评价思政课堂上的"已读不回"？
4. 你认为当前思想政治教育评价方式是否科学？为什么？
5. 数字技术如何提升思想政治教育评估的精准性？

【案例知识点】

1. 师生互动
2. 数字评估
3. 思想政治教育评价
4. 思想政治教育有效性

【教学建议】

1. 本案例可用于"思想政治教育评价"的教学，搜集了解现有的教学评价和测量工具，思考数字技术为思想政治教育评价带来的机遇与挑战，探究数字化评价的方向与重点。

2. 围绕网络平台的"已读"回执功能，讨论线下课堂如何设置"已读"回执，如何实时监测学生的课堂行为，哪些行为可以作为评估学生听课情况

3. 可利用案例开展辩论赛，辩论学生在课堂上有没有"已读不回"的权利？是不是所有学生在听到老师提问以后都应该举手回答？

【相关教学资源】

1. 刘邦奇：《智慧课堂（第2版）》，北京师范大学出版社2019年版。

2. 沈壮海：《思想政治教育有效性研究（第3版）》，武汉大学出版社2016年版。

3. 李欣、张威：《"多元交互"在线教学评价指标体系构建的内涵、框架及路径》，载于《现代教育管理》2022年第10期。

4. 董春桥、王秀萍、王琳玲：《智慧虚拟教研室的建设与实践——以"环境监测"课程为例》，载于《高等工程教育研究》2022年第5期。

5. 王立群、杨芸伊：《"人工智能+思想政治教育"：生成、风险及应对》，载于《湖南社会科学》2022年第4期。

6. 陈大文、姜彦杨：《大中小学思政课教学评价一体化路径初探》，载于《思想理论教育导刊》2021年第12期。

7. 杨清：《学校课堂教学评价：价值的判断、挖掘与提升》，载于《教育科学研究》2021年第11期。

8. 吴立宝、曹雅楠、曹一鸣：《人工智能赋能课堂教学评价改革与技术实现的框架构建》，载于《中国电化教育》2021年第5期。

9. 陈春莲、唐忠：《教师教学评价体系的构建与实施——基于"五维一体"发展性评价的改革思路》，载于《中国高校科技》2020年第10期。

10. 邢红军、田望璇：《课堂教学评价理论：反思与建构》，载于《课程·教材·教法》2020年第6期。

11. 谢娟、张婷、程凤农：《基于CIPP的翻转课堂教学评价体系构建》，载于《现代远程教育研究》2017年第5期。

12. 周琪：《思想政治教育主体图像化构建》，载于《思想教育研究》2016 年第 10 期。

13. 李葆萍、周颖：《基于大数据的教学评价研究》，载于《现代教育技术》2016 年第 6 期。

（本案例由吴凯、焦娇完成）

【案例概述 6-3】

在短视频上发"厄运走开"的人,到底在想什么?*

"转发这条锦鲤,好运将临"等类似图文,在微博、小红书等平台上屡见不鲜,尤其在考试前夕,部分学生借此祈愿以求佳绩。此外,视频弹幕中亦不乏"接好运"等字样,此类网络迷信现象广泛传播,其影响力不容小觑。

"迷信"一词源自人类基于特定征兆而对后续结果的联想认知。网络迷信之起源可追溯至"祥瑞御兔",此语源自网络作家马伯庸之笔,寓意避邪保平安,后逐渐演化为网络转发热潮。2018 年,《创造 101》节目中的杨超越现象,更是将"转发求好运"推向新高潮,成为一种日常化的网络迷信行为。此类迷信现象不仅限于国内,且已跨越国界,在各大网络平台广泛存在,涵盖点赞、转发求好运等多种形式。同时,塔罗牌运势、占卜 App 及网页的兴起,更吸引了大量玄学爱好者的关注,显示了玄学迷信与数字时代的深度融合。

针对网络迷信的讨论,它是否能真正带来好运,答案显然是否定的。此类行为可能导致个体过度依赖网络,降低对现实世界的期望。然而,不可否认的是,网络迷信能给予人们一定的正向心理暗示,增强自信心。在中国经

---

* 资料来源:《在短视频上发"厄运走开"的人,到底在想什么?》,载于网易网,https://www.163.com/dy/article/HGVGK2IS051282JL.html,2022-09-11。

济与社会快速发展的背景下,社会问题层出不穷,并转化为网络信息,通过社交媒介广泛传播,对青年的价值观、得失观等产生深远影响。"社畜""996"等自嘲词汇,正是青年群体面对社会压力的真实写照。而网络迷信,则在一定程度上成为他们缓解压力与焦虑的途径。

【案例分析】

这篇文章主要讨论了近年来中外网络空间盛行的玄学、迷信现象,原本应该竭力废弃和批判的迷信行为却在网络空间大行其道。它从原来的个体行为演变成相同境遇的参与者寻找认同感的特殊方式,大部分人还试图通过这种形式来对抗生活不幸并渴望得到心灵上的慰藉。然而,这种现象对于坚持唯物主义、科学至上的主流意识形态而言,无疑是具有破坏性,是需要加以批判的。所以,如何立足思想政治教育学科之维,引导网民树立正确的世界观、人生观、价值观就显得尤为重要。

在内容上,网络迷信现象表明思想政治教育应当将注意力转向对传统文化糟粕性的反思与批判。在此之前,绝大多数的思想政治教育研究者将注意力放在西方意识形态入侵和西方文化诱发的亚文化之上,忽视了基于本国国情、历史、文化所滋生的亚文化形式。同时,主张将传统文化与思想政治教育融通发展的研究并不在少数,但都立足于中华优秀传统文化这一视角,是一种直接将中华优秀传统文化视为思想政治教育资源并纳入其中的研究立场,但缺乏对被剔除出局的非优秀传统文化的因果阐释与探究,这也可能导致部分群体并不能完全区分何为优秀、何为糟粕。以案例中的迷信、玄学为例,迷信现象并非西方传入,在国内从古至今就存在。随着互联网的广泛普及与发展,这种迷信的表现内容和形式发生了变化,但其本质与传统迷信一样,是一种盲目的、不理性的、不科学的信仰。例如,以"拜锦鲤""转锦鲤"为例,祈愿者追捧锦鲤不是传统文化中寓意富贵、吉祥、健康、幸福的锦鲤,而是将锦鲤与考试、恋爱、抽奖等事物重新拼接组装,祈愿者可以根据自身需求祈祷任何锦鲤的存在。像算卦、抽签、看相、塔罗牌等迷信形式已深入网络空间，它们无疑对青少年群体的身心健康与社会和谐稳定带来严重危害。对此，思想政治教育应立足中华传统文化，在取其精华去其糟粕中看清玄学现象的本质及其危害，引导和帮助青少年群体以科学的世界观积极面对生活中的逆境与不如意。

在对象上，网络迷信现象表明思想政治教育应深化对"Z世代"群体的心理分析。"Z世代"泛指伴随网络成长的一代，他们的网络使用习惯在一定程度上决定了内容生产形态、信息生产模式和信息传播模式。上述案例强调"Z世代"对网络玄学的痴迷程度让人过目不忘，他们利用迷信玄学的安慰剂效应来转移焦虑和消解不确定性。再回到现实来看，"Z世代"是受多元文化影响成长起来的一代，不同文化理念在个体脑海中的交织与冲锋，导致其理想信念并不坚定；有强烈的竞争意识和独立意识，但往往抗压能力比较弱；有娴熟的网络社交能力，但现实社交能力匮乏。然而，随着时间的流逝，这部分群体逐渐成为中国社会的主力军，活跃于各个阶层和工作岗位。那么，如何将他们培养成新时代中国特色社会主义的中坚力量和中流砥柱，需要思想政治教育者廓清这部分群体与"80后""70后"，甚至与"90后"的普遍性和特殊性，通过转变教育理念和教育方法来充分发挥思想政治教育的作用。

思想政治教育从来都不是对现成理论的灌输，它作为具体的思想武器，是对现实思想问题、政治问题、教育问题的主动回应，是用时代语言、时代特色、时代风格彰显政治引领、理论武装、文化浸润、价值导向功能的过程。

【案例讨论】

1. 你是否参与过网上的"转发这条锦鲤"？结果怎么样？
2. 你认为网络迷信、网络玄学会给思想政治教育带来哪些挑战？

3. 你认为"Z 世代"群体与其他年龄群体有什么不同之处？

4. 你认为思想政治教育应该如何引领"Z 世代"？为什么？

【案例知识点】

1. 网络亚文化

2. "Z 世代"

3. 思想政治教育内容

【教学建议】

1. 本案例可用于学情分析阶段，教师可利用历史分析法、动态分析法比较"Z 世代"群体的个性特征、心理发展特征等内容，在充分的学情分析下确立思想政治教育目标，提高思想政治教育的针对性和有效性。

2. 本案例可用于"思想政治教育内容"的教学，引导学生思考思想政治教育内容的变与不变，讨论思想政治教育内容如何与时代发展要求保持同步。

【相关教学资源】

1. 何绍辉：《Z 世代青年的形成背景与群体特征》，载于《中国青年研究》2022 年第 8 期。

2. 汪永涛：《Z 世代青年群体的整体性解读》，载于《中国青年研究》2022 年第 8 期。

3. 王肖、赵彦明：《"Z 世代"大学生媒介化生存的审视与应对》，载于《思想理论教育》2022 年第 3 期。

4. 王水雄：《中国"Z 世代"青年群体观察》，载于《人民论坛》2021

年第 25 期。

5. 黄椰曼、阳玉堃：《中国社交网络吉祥物转发祈福影响因素研究：以锦鲤相关微博为例》，载于《情报科学》2019 年第 4 期。

6. 董向慧：《当代青年人热衷网络迷信的社会学分析》，载于《中国青年研究》2010 年第 6 期。

7. 周艳红：《对青少年网络迷信的分析与引导》，载于《中国青年研究》2006 年第 11 期。

（**本案例由吴凯、王琴完成**）

【案例概述 6-4】

"文字讨好症"是社交内卷,还是社交内耗?*

在当前的线上交流环境中,人们频繁使用诸如"哈""啦""哟""滴"及"~"等语气词和符号,旨在通过增添此类语气元素,使交流显得更为礼貌,并促使对方感受到"舒适"与"亲切"。此现象被形象地称为"文字讨好症"。那么,这一现象的兴起及其广泛共鸣背后的原因何在?

首先,它源于表达尊重的需求。尊重是构筑信任、维系良好人际关系的基石。在虚拟的网络交往中,由于难以直观感知对方的情绪与态度,运用蕴含尊重意味的文字、词汇及符号便成为获取对方信任的有效途径。面对形形色色、性格迥异的交流对象,频繁进行"模式切换"无疑会消耗大量心力,而"文字讨好"则巧妙地规避了这一难题。其次,它反映了个体间理解方式差异的现实需求。随着互联网的发展及社交方式的变迁,"文字讨好症"应运而生。在线上交流中,若回复不当,冰冷的文字可能引发误解,使对方感受到被忽视,进而产生负面情绪。例如,"嗯"这一简单回复,在某些人眼中可能被视为敷衍或不耐烦的象征,从而引发不必要的猜疑与隔阂。为避免此类因"词不达意"而导致的不快,"文字讨好症"的流行显得尤为合理,并能在不同场合与对象间灵活调整。

---

* 资料来源:《"文字讨好症"造成精神内耗,社交不必行"文字讨好",真诚相待最可贵》,载于新浪网,http://k.sina.com.cn/article_1617264814_606580ae02001i9rr.html,2022-10-12。

至于"文字讨好症"的影响，一方面，它促进了此类社交习惯的广泛传播。当人们在交流中频繁运用此类语气元素时，其周围的人也会受到潜移默化的影响，从而在交流中展现出更为礼貌与亲切的态度。另一方面，它也可能在一定程度上降低了某些场景中的交流质量。在多元社交语境的互联网时代，"文字讨好症"虽有其存在的合理性，但过度依赖此类表达方式可能导致人们在现实与虚拟之间频繁切换语言模式，增加人际交往的负担与精神内耗。同时，长期沉浸在矫揉造作的交流方式中，也可能削弱人们的严肃思考能力。

"真诚永远是必杀技。"在当下这个既远又近的世界里，无论是线上还是线下交流，我们都应勇于以真诚的态度表达自我、呈现自我。

【案例分析】

这个案例主要讨论了网络背景下人们社会交往行为的变化，包括人们在交往中的思想动态取向、话语表达的亲和性和感染性、内心的心理活动等方面的变化。

从思想政治教育社会学透视该案例，发现"文字讨好症"对人们的社会交往具有重要影响。"文字讨好症"通过文字的巧妙使用以及表情包等形式影响人们的社会交往。一方面，由于采取线上交谈的形式，交谈双方看不见对方的表情，也听不到对方的声音，故无法掌握对方的情绪变化。中国文字博大精深，同样的文字用不同的语气表达出来就会给人不同的感觉，若对方在谈话时处于情绪低落状态，他对谈话内容的理解可能就会偏向不好的方面，这对于双方的交往是不利的。这时，若我们在谈话时加上相应的语气词，搭配符合自己表达意思的表情包，即换一种表达的形式，那么即使对方处于情绪低落状态，也不会误解谈话内容，甚至还会在某种程度上对情绪起到缓和作用。另一方面，"文字讨好"也是分对象的，即并不是所有人都适合"文字讨好"。对那些做什么事都特别认真、"一本正经"的人来说，"文字讨好"可能就会不太适用，甚至可能会产生相反效果。由于这类群体发自内心地对该种行为持反感态度，若在不知情的状况下对该类群体发出"文字讨好"，对方极有可能会认为你是一个做事不认真、爱耍小聪明、投机取巧的人，就会给对方留下不好的印象。因此，在社会交往中我们不能过于随便使用"文字讨好"，而是要了解对方的思想观念、性格特点及交往需求后再做出恰当的选择。

在某种程度上，"文字讨好"的过程就是谈话双方思想交锋的过程，也是思想政治教育者与教育对象心理互动的过程。因此，在这一过程中，恰当地掌握交谈技巧，准确把握心理活动规律，无论对思想政治教育过程，还是对交谈双方都具有积极的促进作用。

思想政治教育不仅在线下有活动方式，而且逐渐发展到线上并发挥积极作用。需要注意的是，针对教育对象的价值需求，思想政治教育者开展系统教学固然重要，但这并不意味着思想政治教育只局限于系统教学之中，还应当体现在人们的日常交往之中，人们在生活和工作场景中都应当看到思想政治教育的"影子"。这既是思想政治教育的生动体现，也进一步明确了思想政治教育要根据人们需要而渗透到生活的方方面面，从根本上满足人们日常交往所需要的思想、观念、价值与信仰。但这并不意味着思想政治教育是一种泛化的存在，不是什么都可以与思想政治教育挂钩，思想政治教育也不具备解释一切现象、解决一切问题的功能。

人们在交往过程是否真诚？还是说为了维护彼此之间的友谊，或者要达到某种目的而刻意采用对方喜欢的方式做自己不愿意的事。换句话说，在数字时代，教育对象的身心特点更加复杂多变且极具个性化，思想政治教育者应如何根据变化的环境对教育对象进行精准化的思想政治教育？价值观对人们的思想、行为具有导向作用，同时还可以体现出人们的认知水平和需求情况。"文字讨好"在某种程度上说明人们的社会交往出现了偏差，即"为了交往而交往"。在"文字讨好"语境，朋友之间的友情或是亲情看似稳固和良好，实则如履薄冰，一捅即破。身处数字时代，如何运用思想政治教育原理和方法，引导人们掌握必要的社会交往礼仪，真诚待人，拥有健康的心理，对思想政治教育者来说已成为迫在眉睫的任务。因此，思想政治教育者要坚定中国特色社会主义信念，从实际出发，及时了解教育对象的思想动态和交往情况，不断提升思想政治教育网络话语权。展开而言，可以从认知、价值和目标三个方面入手。在认知方面，坚定正确的价值观导向，大力弘扬真善美，抵制假恶丑。在价值方面，始终坚持党的领导，践行社会主义核心价值观，提高教育对象的理性认知和辨别能力，规范言行举止，真诚待人、踏实做事。在目标追求方面，不仅要促使教育对象树立远大的理想信念，而且要高标准要求自己，摆脱本领恐慌，积极投身实践。

【案例讨论】

1. 你在与朋友、同学、老师之间的聊天有"文字讨好症"的情况吗，对此你持何种态度？

2. 在"文字讨好"的过程中，人们存在什么样的心理，这对自身的思想和行为带来什么影响？

3. 社会学、心理学、传播学与思想政治教育之间存在何种联系？具有什么功能或作用？

4. 在数字时代，思想政治教育对象具有哪些特征？思想政治教育者又如何才能把握好这些特征？

【案例知识点】

1. 社会交往
2. 心理活动
3. 情感变化
4. 思想交锋
5. 网络传播
6. 思想政治教育话语权

【教学建议】

案例可用于"思想政治教育个体价值""思想政治教育话语权"的教学，教师可从现实生活中入手，让同学们列举自己在生活中出现的"文字讨好"现象，引导同学们分析当时自己的心理活动情况，并将其与思想政治教育有机结合，有利于调动学生们的积极性、主动性，激发同学们的思考。

【相关教学资源】

1. ［德］尤尔根·哈贝马斯：《交往行为理论（第一卷）》，曹卫东译，上海人民出版社 2004 年版。

2. 周子星：《青年网络交往"梗"文化的特征及其引导》，载于《思想理论教育》2023 年第 7 期。

3. 史宏波：《思想政治教育研究的系统性及其范式诉求》，载于《思想理论教育导刊》2022 年第 7 期。

4. 刘少杰：《网络交往的时空转变与风险应对》，载于《社会科学战线》2022 年第 4 期。

5. 饶旭鹏、白双航：《网络交往中"信息茧房"及人的解放探究》，载于《北京航空航天大学学报（社会科学版）》2022 年第 1 期。

6. 林世华、陈华：《移动互联网时代的人际交往研究——基于媒介理论的视角》，载于《青年记者》2021 年第 21 期。

7. 刘燕、刘龙飞：《新媒体时代思想政治教育话语表达研究》，载于《学校党建与思想教育》2021 年第 17 期。

8. 丁子恩、刘勤学：《大学生网络交往与网络利他行为的关系：自尊与公我意识的作用》，载于《心理发展与教育》2020 年第 2 期。

（本案例由吴凯、朱云调完成）

【案例概述 6-5】

"网红"董宇辉直播遇尴尬*

知名网络红人董宇辉在直播过程中遭遇了一次意外的尴尬局面。他原本计划向观众介绍唐代伟大诗人李白的生平事迹与文学成就,然而直播间的弹幕却突然被"李白是刺客"的言论所充斥。这一说法源自当前热门的手机游戏《王者荣耀》中对于角色设定的处理,与历史上李白的真实形象存在显著偏差。面对如此广泛的误解,董宇辉表达了深刻的无奈之情,并忧虑此现象或将对年轻一代的历史人物认知造成扭曲。

此次事件再次激起了公众关于游戏对儿童成长潜在影响的广泛讨论。在当今社会,孩子们的信息获取渠道日益丰富多样,其中游戏、动画等文化产品占据了举足轻重的地位。然而,不容忽视的是,这些文化产品呈现的历史人物形象往往经过艺术加工,与真实历史相去甚远,可能误导儿童对历史人物形成错误认知,进而影响到他们对传统文化的理解和尊重。

董宇辉的担忧具有深刻的现实意义,因为这一现象已引起众多家长和教育者的密切关注。他们担心,随着孩子们在游戏中投入的时间不断增加,他们可能会逐渐构建起与真实历史相悖的人物形象认知,甚至可能因此形成扭曲的价值观。因此,如何引导孩子们以正确的态度看待游戏、动画等文化产

---

* 资料来源:《"网红"董宇辉直播遇尴尬:我讲了半天李白,你跟我说他是刺客?》,载于观察者网,https://www.guancha.cn/global-news/2022_06_22_645860.shtml,2022-06-22。

品，已成为家庭教育和学校教育亟待解决的重要课题。此外，游戏中的暴力和色情元素也是家长们普遍关注的焦点。尽管许多游戏在推出时都明确设定了年龄限制，但随着时间的推移，这些限制往往被逐渐放宽，使得低龄儿童也能轻易接触到不适宜的内容。这种现象不仅可能对儿童的心理健康造成负面影响，而且可能影响他们的社会行为和价值观的塑造。

因此，对于游戏等文化产品的监管和引导显得尤为重要。政府、企业以及社会各界应携手合作，制定更加严格的监管措施，确保文化产品内容健康、积极、向上。同时，家长和学校也应加强教育引导工作，帮助孩子们树立正确的价值观和历史观，使他们能够以更加理性和全面的视角看待游戏等文化产品。

【案例分析】

这个案例反映了游戏对青少年带来的消极影响，暴露出"数字原生代"存在的深层次价值需求得不到满足的现实矛盾。满足受教育者的价值需求，引导其树立正确的价值观，是思想政治教育的育人目标之一。

网络直播产生的行业转向可否成为网络思想政治教育的关注话题？当前，以"抖音""淘宝""小红书"等网络平台为主的直播行业产生了新的行业转向趋势，直播逐渐由"吆五喝六"喊叫式卖货转变为知识型销售，由纯利润导向转变为"利润＋公益"并举。直播行业转向的原因众多，结合本案例涉及的思想政治教育相关知识来看，有两个方面的主要原因：一方面，网民对知识的崇拜心理以及个人的公益情怀，逐渐成为行业转向的驱动力。网络直播受众多为"90后""00后"群体，这些年轻人大多受过高等教育，这就意味着年轻化的受众求知欲更强，并且直播中的公益倾向与此类受众从小接受的主流价值观教育内容趋近一致。比较之下，对于一部分年长的受众来说，助农、助残、助贫这一类的公益直播更能使他们联系到自己的过往经历，在情感、情绪、心理、需求方面更能感同身受，这也直接促成他们在力所能及的情况下帮助他人。另一方面，国家政策推动行业转型。直播行业转向知识型销售，主要是由新东方注册使用"东方甄选"开启的。这是在国家推出"双减"政策后，教培行业"另寻出路"的典型表现。在"双减"实施之后，新东方结合国家乡村振兴战略，推出"东方甄选"助农直播。此时，主播不再是辍学的未成年，而是拥有高学历高素质的"老师"；直播的内容不再是游戏、擦边舞蹈，而是柴米油盐中的诗情画意。这种转型是国家政策导向作用的成功范例。"东方甄选"衍生出了"董宇辉""顿顿顿顿顿"等新东方主播抖音号，并且形成了传播矩阵，无形中改变着网络直播风气，在一定程度上起到了净化网络空间的效果。

由此来看，当前网络直播的行业转向对网络思想政治教育具有一定的启发意义，值得研究者们关注。第一，思想政治教育要把握年轻受众的心理特点，抓准、抓牢他们的兴趣点，及时放大、扩大思想政治教育的魅力点。直播行业作为利润行业，抓住网民眼球就等于抓住了直播的流量与热度。如今该行业的转变，恰恰反映了这一点。因此，就思想政治教育而言，如何抓住人们的兴趣点并对他们进行及时、有效的思想政治教育，就成为网络思想政治教育创新发展的关键。知识型直播的出现，暴露出网民的强烈求知欲以及这一群体对知识的崇尚，网络思想政治教育完全可以利用这一特点，及时对受众进行灌输与引导，让网络思想政治教育在知识型直播中出场并发挥有效作用。第二，思想政治教育者可以利用融媒体构建矩阵式传播。新东方的"东方甄选"抖音号火起来之后，极大地推动了主播的"出圈"，带火了"董宇辉""东方YOYO""顿顿顿顿顿"等抖音号，也带火了这些主播在其他社交平台的账号，形成矩阵传播模式。思想政治教育可以积极吸纳新东方的矩阵传播模式优点，利用融媒体构建矩阵传播式的思政平台网络。

当前社会"泛娱乐化"倾向严重，似乎一切皆可娱乐。不只是体现在游戏、影视剧等对历史事实与历史人物的错误解读与扭曲上，"泛娱乐化"倾向逐渐蔓延至思想文化领域，这对人们正确价值观的形成是百害无一利。就拿董宇辉直播时网友提及"李白是刺客"这一事件来说，即便董宇辉与部分年长的观众表达了失望的情绪,多数年轻受众仍然以玩笑的口吻提出"李白不是个刺客怎么可能游走中国""李白先是刺客后是诗人"等言论。在直播事件之外,有网友对明星辱华进行辩解、对英雄毫无敬意,网友随口调侃的背后折射出的是这一代网民思想上的娱乐化。思想政治教育具有强烈的政治性、意识形态属性,主流价值观教育是其主要任务。那么,针对网民思想行为的"泛娱乐化"特点,如何深刻阐释这一现象背后的思想政治教育原理并做好主流价值观教育呢?

一方面,相关部门要对资本控制的盈利行业做好监管工作。现如今点击量与使用率最高的网络平台,如微博、抖音、小红书等都属于商业平台,从其要素构成及运行模式来看,它们大多是由资本控制的信息生产与销售平台。这些平台以盈利为经营目的,在高额利润和资本加持的诱惑下,很容易钻行业规则漏洞,刻意避开行业监管条例。针对年轻受众追求新奇的心理特点,此类商业平台擅于生产携带"娱乐至上"的价值观念,如饭圈文化、消费文化等。在影响网民价值观念的同时,衍生出消费产品,赚取利润,如饭圈文化中粉丝追星而收集偶像明星的"周边",必然产生巨大购买力,导致粉丝为资本盈利买单。建议有关部门对这些资本控制下的盈利行业予以监管与引导,尤其对平台建设与运营给出明确的、规范的操作要求,如要求平台设置敏感词、屏蔽词,对未成年受众进行信息输入的分流,对平台作品加强审核等,从源头制止不良价值观的输出。

另一方面,平台要以受众易于接受的方式发出主流声音。短视频、5G技术、人工智能、全息投影、虚拟现实等如春笋般兴起、闪电般普及,各式各样的网络平台拔地而起,迅速夺取大学生的注意力。思想政治教育要及时抢占网络空间,并在网络空间积极发挥有效的育人作用。然而,在实际生活中,能够发挥思想政治教育作用的网络平台大多由官媒主导,且此类账号传播和输出的内容大多是宏大叙事。但如今这类平台跟不上技术发展速度,流量低,内容输出不畅,而非思政平台的小微账户推出的思政产品质量不高,受众面小,官方声音传播不开,主流价值观教育难以有效。实际上,网络空间官方声音要声入人心，更要深入人心，这必然要借助各类思政平台与各平台的小微账户，本质上都是产出精品化思政产品。因此，就亟须建设一批与思想政治教育直接相关的小微账号，从小事件切入讲好中国式现代化的故事。思想政治教育无论在课堂还是在虚拟空间，都需要以内容为王，内容精品是优质思政产品的精髓。优质思政产品的生产首先需要准确把握其内容实质。在网络空间，思想政治教育的受众是广大网民，分散于不同的网络平台，他们有着不同的信息需求，网络偏好也千差万别。因而优质思政产品的生产需要把握不同受众群体的偏好，分平台、分群体发出主流声音，进行主流价值观输出与意识形态教育。

新事物迭起，思想政治教育者应持何种态度对待这些新事物？无论是直播或是游戏，都是信息时代的新事物。思想政治教育者要实现培养人的教育目标，势必需要深入了解新事物及其对网民的影响。但思想政治教育者对新事物的态度不一，在教育教学的案例与载体选择上也存在差异。

思想政治教育者应以了解与选择、融会贯通的态度对待新事物，以强化思想政治教育在数字时代的效用。首先，了解与选择。时代潮流不可逆转，思想政治教育在时代潮流中也要作出改变，即思想政治教育者要了解新事物发展的方向，发掘其意义与价值，从而根据育人目标进行选择。其次，融会贯通。思想政治教育者对新事物不一味地抵制，也不一味地全部吸收，而是有选择地进行融会贯通，以此丰富思想政治教育的内容与形式。

青年一代伴随着新事物的更迭而成长起来，相比于全盘否定新事物及其作用，思想政治教育者对新事物进行了解并选择合适的内容与方式将其融贯于育人工作过程，则更能够抓住受教育者"上头"瞬间，达成潜移默化的育人效果。

就拿王者荣耀这款游戏来说，在某些方面它存在对历史人物的歪曲设定，但在另一方面，当前从少年到青年、中年无一不知王者荣耀，大家都能熟练地知晓一部分历史人物的名称。那么，思想政治教育者是不是可以就这些被歪曲的历史人物作教学设计，纠正错误设定，既赢得学生关注，又解决学生思想上的错误认知。事物的发展都有两面性，一味否定易激起受教育者的逆反心理，不如换个方式，在加入他们行列的同时积极发挥作用，让他们在玩耍中纠正错误认知，树立正确的人生态度和行为认知。当然，更为重要、更有效的还是在游戏人物设定源头制止这种歪曲历史人物情况的出现。此事任重道远，不仅需要思想政治教育者努力，而且需要相关政策部门、法学工作者、教育工作者、社区工作者、学校和家庭等多方部门或群体的协同参与。

【案例讨论】

1. 你认为应当如何把握年轻网民的价值需求？
2. 构建思想政治教育的矩阵传播模式可以从哪几个方面着手？
3. 网络空间的主流价值观教育包含哪些内容？
4. 在数字时代，思想政治教育者需要具备哪些素质？
5. 思想政治教育对资本控制下的行业有效用吗？为什么？

【案例知识点】

1. 价值观教育
2. 矩阵传播
3. "泛娱乐化"
4. 精品化思政产品
5. 思想政治教育数字化转型
6. 思想政治教育者素质

【教学建议】

1. 本案例可用于历史观、价值观的教学，教师对游戏人物进行剖析与正误对比，纠正学生错误的历史认知，引导其树立正确的历史观与价值观。

2. 教师可组织进行历史人物技能抢答比赛，在游戏中强化学生正确的历史观。

【相关教学资源】

1. 刘涛、张媛媛：《通往数字人文的游戏之路：游戏叙事中的传统文化符号再现及其程序修辞机制》，载于《南京社会科学》2023 年第 11 期。

2. 付麟雅、王炜：《元宇宙空间：游戏数字藏品的功能聚焦与价值审视》，载于《新闻爱好者》2023 年第 9 期。

3. 韩传喜、楚艳艳：《物质、文化、技术之维：网络游戏的三重身体行动》，载于《学习与探索》2023 年第 9 期。

4. 肖珺、张帆：《数字化怀旧：游戏玩家自我修复与反思中的文化主体意识建构》，载于《学术研究》2023 年第 8 期。

5. 包媛媛、杨利慧：《数字游戏中神话的重构与传播——以王者荣耀为个案的分析》，载于《青海民族大学学报（社会科学版）》2023 年第 2 期。

6. 刘晓琳、曹银忠：《网络思想政治教育跨媒介叙事研究》，载于《学校党建与思想教育》2022 年第 14 期。

7. 廖卢琴、谢爱林：《圈层与连接：思政教育网络话语传播困境与出路——基于矩阵传播的视角》，载于《教育学术月刊》2021 年第 7 期。

8. 边和平、冯莉然：《矩阵传播视域下高校思想政治教育网络话语权提升研究》，载于《齐齐哈尔大学学报（哲学社会科学版）》2020 年第 4 期。

（本案例由吴凯、丁霞完成）

第七编
社会治理与文化创意

  本编着重探讨了社会治理与文化创意对思想政治教育的影响，展示了它们在实践中的重要性。文化创意既是一种思维方式，也是一种行动方式，它可以为社会治理提供新的思路和方法。我们希望读者能够更好地认识到文化创意在社会发展中的重要性，积极促进社会治理与文化创意的融合发展，不断为思想政治教育参与社会治理提供智力支持。

【案例概述 7-1】

从"村 BA"到"村超","土味"顶流的背后,为什么是贵州?*

从台江"村 BA"到榕江"村超",贵州的这两项乡村体育赛事正以其独特魅力,成为促进乡村经济振兴的强劲动力。台江县被誉为"天下苗族第一县",自 2022 年夏季以来,"村 BA"篮球赛凭借其深厚的苗族"六月六"吃新节文化底蕴,迅速风靡全国,进而成为一场全国瞩目的和美乡村篮球盛会。与此同时,榕江县坐拥"黔省东南锁钥,苗疆第一要区"的地理优势,自 2023 年五月起,"村超"足球赛点燃了乡村足球的熊熊烈火,吸引了国内外众多目光。

这两大赛事的火爆,不仅极大地提升了乡村的知名度,更以赛事为桥梁,促进了农产品的畅销,推动了非物质文化遗产的传承与发展,并吸引了大量游客前来观光旅游,实现了农业、文化、体育与旅游的深度融合。在"村 BA"的引领下,台江县的特色农产品如"鲤吻香米""台江鲟鱼"等热销全国,带动了农业产业的蓬勃发展。而"村超"则让榕江县的农特产品如"榕江牛瘪""榕江卷粉"等备受游客喜爱,催生了繁荣的"地摊经济""周末经济"。

---

* 资料来源:《从"村 BA"到"村超","土味"顶流的背后,为什么是贵州?》,载于网易网,https://www.163.com/dy/article/I7QKJ2BC0530WJIN.html,2023-06-22。

此外，这两大赛事还成为非遗文化传承的重要平台。赛事期间，苗族、侗族的非遗文化表演如"苗族芦笙舞""侗族大歌"等精彩纷呈，让游客在享受比赛的同时，也能深入领略当地的文化精髓。同时，赛事还促进了非遗文创产品的开发，为非遗文化的传承与发展注入了新的活力。尤为重要的是，两大赛事的成功举办为当地带来了显著的经济效益。赛事的吸引力促进了台江县与榕江县旅游业的快速发展，不仅提高了当地的经济收入，还带动了相关产业的繁荣。在赛事的推动下，当地的基础设施建设日益完善，公共服务水平不断提升，为乡村经济的可持续发展奠定了坚实基础。

从台江"村 BA"到榕江"村超"，贵州的这两项乡村体育赛事不仅展示了乡村体育文化的独特魅力，更成为推动乡村经济振兴的强大引擎。通过农文体旅的深度融合发展，贵州的"两江两村"正在开创乡村经济发展的新篇章。

【案例分析】

这篇新闻报道主要讨论了独特的乡村文化引起的"蝴蝶效应"，值得网络思想政治教育、思想政治教育传播学领域的研究者借鉴和参考。从传播学视角透视该篇文章中的思想政治教育问题，可以发现以下几方面内容。

融合民族文化是增强"村超"传播力的核心要义。"村超"是球赛，更是地方美食大赏和民族文化展示舞台。无论是比赛前各村代表队村民载歌载舞、敲锣打鼓的支持，还是比赛中球迷观众看球的同时，村民们自发开始"美食推介会"，抑或是比赛间隙丰富多彩的民俗文化，这些展示都体现了贵州的独特文化，彰显着浓厚的民族文化风采。就此而言，独特的民族文化是影响事物传播力的重要因素。对思想政治教育而言，民族特色也是中国的特色。思想政治教育的概念本为中国所有，其他国家虽然也有类似的教育，但是称呼不一。民族文化资源中蕴含着丰富的思想内涵，是我们进行思想政治教育的理论资源，也是民族传统文化内在的精髓，更是民族传统文化存在的前提。因此，思想政治教育如何以自身独特的民族性吸引受众认识、体会和接受是其创新发展的新路。

仪式和礼仪是增强"村超"传播力的重要因素。"村BA""村超"是当地乡村治理的一部分，成为当地乡村一种约定俗成的规范活动，具有极强的典礼和礼仪性质。思想政治教育是育人的实践活动，可以借助各种仪式和典礼加强人们对主流意识形态和社会主义核心价值观的认同感。在端午节日庆典中，思想政治教育者可以充分挖掘爱国主义素材，以屈原为代表的先贤身上的爱国主义精神是每个人都要认真学习的。由此而言，思想政治教育者要充分挖掘传统节日内涵，利用大型庆典或仪式彰显思想政治教育育人功能，借助英雄楷模、先进事迹在全社会营造学习模范的社会风气，以期实现发展和完善人的目标。

政府和政策支持是增强"村超"传播力的关键支撑。近年来，在各级政府的大力推动下，榕江体育设施和运动条件不断得以提升和完善。基于强大的群众基础和需求，政府做好赛事引导和组织保障工作，充分发挥群众的主动性和创造性，人人都有参与感，人人都能获得幸福感。因此，思想政治教育要真正落地，其内容要与群众需求接轨，话语要与群众需求相重合，在精神层面引导群众追求美好生活，给予人民精神指引，这样才能真正让思想政治教育深入人心、才能获得最广大人民群众的认同。

充分发挥媒体效应是贵州"村超"扩大传播力的重要手段。2021年，榕江县用好国家"互联网+"农产品出村进城工程试点县政策，提出了"让手机变成新农具，让数据变成新农资，让直播变成新农活"的新发展理念。同年11月，贵州·榕江新媒体助力乡村振兴产业园创建，积极发展短视频、直播电商、线上营销等核心业务。为了配合"村超"赛事，榕江县专门成立了"'村超'新媒体专班"，全县群众自发拍摄赛事短视频，通过抖音、快手、视频号等自媒体平台宣传。2023年5月13日开幕赛当天，仅通过榕江县自有的"村寨代言人"和直播营销团队就斩获了500万以上的流量。这对于思想政治教育而言，充分利用传播媒介扩大影响力是思想政治教育增强传播力的题中应有之义。

各路"名人效应"是贵州"村超""爆火"的助推器。"村超"越来越火，引得不少名人纷纷加入其中。著名解说员韩乔生精彩解说，香港著名演员陈百祥喊话"村超"，贵州网红争相参与，这些都广泛吸引了各界的关注，使得贵州"村超"频频"出圈"。对于思想政治教育而言，名人效应也同样值得借鉴。青年人的人生观、价值观还没有最终形成，很容易接受新鲜事物，作为网络时代最主要的参与者，他们是传播媒介的主力军。他们崇拜明星，想尽方法接近明星，努力效仿明星。因此，思想政治教育的传播实践也可以邀请名人积极参与进来。一方面，利用名人进行思想政治教育活动、展演思想政治教育内容，对受众进行引导；另一方面，名人在现实的实践活动过程要起到模范示范作用，在公众面前保持正面形象，展现积极向上的人格魅力，遵纪守法、爱党爱国、热爱工作，为广大人民群众做好示范作用，并承担起应有的社会责任。

【案例讨论】

1. 你认为贵州"村超""出圈"的原因有哪些？
2. 你认为思想政治教育传播可以借鉴贵州"村超""出圈"哪些方面？
3. 你认为思想政治教育传播可以用于什么工作中？
4. 你认为思想政治教育传播的影响因素有哪些？
5. 你认为如何才能增强思想政治教育传播力？

【案例知识点】

1. 思想政治教育传播
2. 思想政治教育传播力
3. 传播创新
4. 传播影响因素

【教学建议】

1. 本案例可用于"思想政治教育传播"的教学，在探讨贵州"村超""出圈"的因素之后，考察思想政治教育可以借助"村超""出圈"的影响因素，着重分析增强传播力的方法路径。

2. 在讲述本案例后，教师可组织学生以网络传播为切入点，展开一次提升思想政治教育传播力的实践研究，在实践中系统把握思想政治教育传播关系，增强学生在思想政治教育过程中的获得感。

【相关教学资源】

1. 索晓霞：《村超是中华民族共同体意识的鲜活实践》，载于《当代贵州》2023年第47期。

2. 海兵：《"村超"新闻宣传的思政观察》，载于《思想政治工作研究》2023年第10期。

3. 刘海涛、周晓旭、王宜馨：《贵州"村超"现象级传播的生成逻辑与传播效应——基于知识发酵理论的视角》，载于《体育与科学》2023年第5期。

4. 万里燕：《贵州"村超"：不只关乎足球》，载于《贵州政协报》2023年6月22日。

5. 曹媛媛、欧阳胜勇：《贵州"村超"何以火爆出圈》，载于《南方日报》2023年6月19日。

6. 黄静、奚冬琪：《贵州"村超"观察记》，载于《人民政协报》2023年6月19日。

7. 罗羽：《群众主创！贵州"村超"掀起夏日"足球热浪"》，载于《新华每日电讯》2023年6月9日。

（本案例由吴凯、王小叶完成）

【案例概述 7-2】

乌合麒麟新作，被西方媒体发现了*

乌合麒麟，一位卓越的中国青年设计师与漫画家，其独特的政治画作在全球范围内产生了深远影响。他的作品以其尖锐的讽刺和直击时弊的特质而著称，通过艺术的手法传达了深刻的政治信息及意识形态。

乌合麒麟的一幅作品在国际社会激起了巨大反响。该作品展现了澳大利亚士兵以利刃威胁怀抱中孩童的咽喉，其脚下则横陈阿富汗平民的遗骸，直接揭露了澳大利亚军队在阿富汗的残暴行径，引起了国际社会的广泛瞩目与深入讨论。随后，乌合麒麟的另一幅作品更是对澳大利亚总理进行了严厉批判，激起了国际社会对澳大利亚政府的强烈谴责，最终导致该国总理向阿富汗道歉，并承诺对涉事军人进行惩处。乌合麒麟的作品不仅在外交领域展现出强大的传播力，更在国内催生了一种新的现象——"乌合麒麟效应"。越来越多的青年画家开始通过政治画作来表达自己的政治见解与态度，他们以和平时代的画笔替代战争时期的武器，在国际舞台上发声。

这些"发声"画家的作品之所以能够快速传播，主要得益于两方面的因素。一方面，他们在漫画中选取的绘画主题与人物素材均与现代流行文化紧密相连，能够迅速吸引青少年的眼球；另一方面，他们将自己的政治观点与

---

* 资料来源：《乌合麒麟新作，被西方媒体发现了》，载于搜狐网，https://www.sohu.com/a/457808304_120621160，2021-03-29。

态度充分融入漫画之中,通过艺术的形式传达了国家和人民的意志。乌合麒麟及其同行们的作品,不仅揭示了国际社会的种种不公与丑恶现象,更传递了中国青年的家国情怀与正义感。他们的作品在国际舆论场上为中国发声,为中国青年树立了典范。

"乌合麒麟效应"的出现,标志着中国青年画家在国际政治舞台上开始扮演重要角色。他们通过艺术的形式向世界展示了中国青年的态度与立场,为中国在国际社会中的形象塑造贡献了力量。展望未来,我们有理由相信将有更多才华横溢、勇于担当的中国青年画家继续以笔为剑、以画为盾,在国际舞台上发出中国声音、展现中国力量。

【案例分析】

为什么在乌合麒麟宣称自己是战狼画手,明确表明自己进行艺术创作的政治立场时,其他艺术创作者也纷纷表明自己的立场,甚至许多网友在此基础上进行了二次创作?这表明人们对于乌合麒麟及其政治讽刺画的认同,人们并不反感讨论政治,并且愿意参与表明政治身份与体现国家认同的活动。以此反思思想政治教育,为什么人们没有像乌合麒麟事件一样,实现从认知到行动的转变呢?原因是多方面的,但其中也涉及对思想政治教育认同的讨论。思想政治教育如何打造更多具备积极性和创造性的"认知者—爱好者—生产者",实现从内化到外化的统一,以此增加思想政治教育内容生产创作者的数量,这便是本案例给我们带来的思考。

乌合麒麟的绘画作品激发了许多人的爱国情怀,并迅速将这种感性认知投入群体性创作行为。在数字时代,思想政治教育内容需要与认同主体的认知、情感和价值需求相协调,以满足受教育者的需求。只有这样,才能逐步加强受教育者对思想政治教育内容的认同。这样的认同能够在数字化场景中建立起"自我"与"他者"的一致性,同时在寻求统一性和归属感的过程中,帮助受教育者不断适应社会需要。相关调查显示,青年学生普遍认为思想政治教育内容是正确的，他们在认知层面对思想政治教育是认同的。但在日常生活的践行方面仍存在一定的偏差和短板，即认知认同与实践认同并没有达成有机统一。因此，迫切需要在思想政治教育中在数字空间打造"认知—实践"相统一的认同主体。

许多网友对乌合麒麟艺术创作的手法十分赞叹，并在此基础上进行二次创作，这表明他们对数字漫画这种传播方式的认同。思想政治教育内容传播的载体方式必须与受众的认知特点和接受方式相契合，才能为认同主体提供可供自己独立使用的平台，增强主客体之间的交流互动，从而进一步增强思想政治教育认同。通过这样的平台，思想政治教育认同主体可以实现自己的认同行为。当这种认同行为得到圈层的赞赏和肯定时，就会得到进一步强化。乌合麒麟事件引起人们的广泛关注并带来了一股巨大流量，虽然这股流量是由认同主体的人群带来的，但是又助推了其他群体进行二次创作，进一步强化了不同群体的认同行为。思想政治教育内容传播方式需要创新，可以参照乌合麒麟事件的传播方式，积极利用数字技术工具增强思想政治教育的内容黏性。

乌合麒麟数字评论漫画是传统评论漫画创作基础与数字制图技术相互融合的产物，色彩丰富，立体化，具有科幻感，给人们带来极大的视觉震撼，引起各大媒体平台网友的持续关注和深度解读。那么，在数字时代，思想政治教育内容建构可否利用数字评论漫画的创造机理引起受众的关注和解读呢？

在科学技术与生产力飞速发展的今天，传播载体越来越注重效率，追求广泛和大量的受众。因此，思想政治教育内容传播，不仅需要短时间内吸引人们的注意力，创造视觉亮点，而且需要引发人们持久的关注和思考，创造视觉上的驻点。一方面，乌合麒麟作品采用计算机绘图技术（CG 技术）和传统手绘方式相结合，再加上动态制作技术，使二维画面具有立体感和生动性，给受众带来巨大的视觉冲击。思想政治教育内容可以利用数字技术创造具有视觉冲击力的图片或视频，增强吸引力，给受众带来眼前一亮的感觉，增加视觉停留的可能性。另一方面，乌合麒麟的数字评论漫画巧妙运用视觉符号激发读者的解读热情，读者需要采用多重思考方式才能挖掘出漫画所表达的深层次观点，乌合麒麟作品中含有许多隐喻元素，正是这些真实性和虚拟性相统一的元素延长了受众的关注时间，并调动了受众解码的主观能动性。在数字时代，思想政治教育内容不仅要抢占视觉上的阵地，还要占领心灵上的阵地，从视觉触发点引导到心灵共鸣点，引发受众对思想政治教育内容的讨论和互动。

目前，思想政治教育内容在吸引力方面存在不足，一方面是因为在西方文化的冲击下，人们倾向于以实用主义来评估思想政治教育的价值；另一方面是由于思想政治教育内容本身所采用的话语范式与人们的认知接受特点之间存在距离。而编码的过程就是以受众需求为导向，在构建思想政治教育内容时围绕受众对精神文化产品的需求，同时考虑受众获取精神产品的特点和接收方式。视觉传播能够突破话语屏障，直击受众感官，创造视觉上的触动点，增强思想政治教育内容的吸引力；利用视觉符号，在"编码—解码"过程调动受教育者的主观能动性，推动受众对思想政治教育内容进行讨论和解读。

乌合麒麟作品引起广大青年关注，不仅是其创作政治敏锐度以及准确定位市场需求、遵循文艺创作规律的结果，也体现了当前青年圈层的融合与扩大。乌合麒麟评价自己为"战狼画手""圈外狂徒"。这些名称指向不同圈层之间的融合，打破了以往圈层之间的固化，实现了艺术创作与政治宣传的完美融合。那么，思想政治教育如何打破圈层融入青年呢？思想政治教育不仅要对现实中的青年产生实际影响，更重要的是要融进虚拟圈层，遵循虚拟圈层中青年的认知特点，为人们寻求归属感和精神依托创造一个适合的"虚拟场域"。

思想政治教育的"破圈"在于创建一个良好的生态系统，以引导青年实现个人价值与社会价值的统一。思想政治教育应尊重圈层文化的基础，促进不同圈层之间的交流和对话，准确把握圈层中人们精神归属的核心，既要关注言辞表达方式，也要深入构建与圈层文化相关的内容产品。如果思想政治教育者能够融入圈层，了解圈子内部的言辞表达方式，并成为"意见领袖"，就能更好地与受众进行有效的交流和沟通。圈层文化并非与主流文化完全对立，它不是反文化。在圈层文化中，青年展示自我身份，当面临重大公共议题时，圈层通常以整体认知和行为来表达对公共议题的看法。

  圈层蕴藏着巨大的能量效应，思想政治教育如何才能抓住圈层的这种巨大能量，将其引导到现实世界呢？一方面，思想政治教育内容应符合圈层的内在运作机制。例如通过打造"IP"吸引饭圈文化，借助重大节假日的文化宣传活动吸引汉服圈等。另一方面，挖掘各个圈层中隐藏的思想政治教育者，培养网络青年志愿者，以隐性方式进行教育引导。主流媒体应重视对公共议题的正面引导和宣传，增加各圈层中精品内容的输出，及时曝光具有正确价值导向的圈层文化和行动，增强主流媒体与圈层之间的交流与对话。

【案例讨论】

1. 网络上能够吸引你观看并且引发你思考的思想政治教育内容有哪些？它们采取了哪些形式？具备什么特征？
2. 思想政治教育内容在运用视觉符号传播时会面临哪些困境？
3. 你认为如何在圈层中打造思想政治教育的"意见领袖"？
4. 你认为青年圈层化对于个体而言是"好"还是"坏"？

【案例知识点】

1. 思想政治教育认同
2. 思想政治教育传播
3. 视觉传播
4. 圈层
5. 青年圈层化

【教学建议】

1. 本案例可用于"思想政治教育认同"的教学，着重考察思想政治教育在数字技术时代的传播主体、传播方式和传播效果。

2. 在讲述本案例后，教师可组织学生搜集与思想政治教育内容相关的作品，先让同学们解读，之后由分享人带领同学解读，在解码过程调动学生参与的积极性。

3. 以"青年圈层化与青年社会化"为主题开展辩论赛，用马克思主义的立场、观点、方法分析问题，增强学生在辩论中的获得感。

【相关教学资源】

1. 张铨洲：《"入世与出世"：青年群体网络"圈层化"的困与策》，载于《中国青年研究》2022年第3期。

2. 阿剑波：《新时代思想政治教育认同的现实难题与实现路径研究》，载于《马克思主义理论学科研究》2021年第5期。

3. 汪大本、孙迎光：《思想政治教育图像叙事：内涵生成、现实困境及其实践策略》，载于《思想教育研究》2021年第1期。

4. 吴宏政：《从知识增长到价值认同的逻辑进路——大中小学思政课一体化建设中的教育规律探寻》，载于《学术论坛》2020年第6期。

5. 林华开、龙静云：《思想政治教育认同的概念界定和把握》，载于《思想教育研究》2020年第5期。

6. 项久雨：《透视青年"圈层化"现象：表征、缘由及引导》，载于《人民论坛》2020年第1期。

7. 孟茹玉：《论价值认同的生成机制与教育理路》，载于《思想理论教育》2019年第5期。

8. 吴宏政：《思想政治教育中价值认同的三个环节》，载于《长白学刊》2017 年第 4 期。

9. 曹群：《论文化自信与高校思想政治理论课教育的价值认同》，载于《思想教育研究》2017 年第 4 期。

10. 吴玉军：《思想政治教育中的价值认同问题》，载于《马克思主义与现实》2016 年第 2 期。

11. 骆郁廷：《思想政治教育的本质在于思想掌握群众》，载于《马克思主义研究》2012 年第 9 期。

（本案例由吴凯、吴霞完成）

【案例概述 7-3】

明星小卡片，"收割"未成年人*

近年来，韩国娱乐文化的风靡在中国青少年群体中催生了一种新兴的追星文化现象——"小卡"热潮。小卡，作为偶像团体专辑中附带成员照片的卡片，因其稀缺性和独特性，逐渐在粉丝群体中获得了极高的追捧。北京市海淀区某商场内的"小卡集市"便是这一文化热潮的生动体现，尤其在十一假期期间，三楼区域人声鼎沸，学生们和儿童们纷至沓来，竞相选购自己心仪的小卡，每一张卡片都承载着他们对偶像的深深热爱与追捧。

然而，随着小卡市场的持续火爆，一系列问题也逐渐浮出水面。例如，青青的女儿因对韩国女团成员的喜爱而渴望购买小卡，青青虽支持但也提醒女儿需警惕市场上的假冒伪劣产品。此外，部分小学生通过发布小卡相关视频在社交媒体上迅速积累了大量粉丝，甚至达到数十万级别，这进一步凸显了青少年对追星文化的热衷程度。

然而，这股热潮背后也潜藏着不容忽视的风险。小卡交易往往涉及未成年粉丝，他们在面对欺诈和权益受损时往往难以有效维权。为此，一些粉丝选择通过公开交易对方的个人信息来警示他人，但这种做法也引发了侵犯隐私的争议。同时，随着粉丝经济的蓬勃发展，小卡文化逐渐被商业化，成为

---

* 资料来源：《明星小卡可卖上万元，未成年粉丝被"割了韭菜"》，载于搜狐网，https：//www.sohu.com/a/731327334_114988，2023-10-26。

资本逐利的工具。韩国娱乐公司与中国平台的合作推出的"线上签售"等活动,虽然进一步推动了小卡市场的繁荣,但也无形中增加了粉丝的消费压力。

对于这一现象,我们应保持理性审视。尽管粉丝经济为文化产业和经纪公司带来了可观的经济收益,但也存在对未成年粉丝产生负面影响。未成年人在追星过程中往往缺乏足够的理性和判断力,容易陷入盲目消费和过度追捧的误区。因此,相关平台和机构应积极承担起社会责任,加强对青少年的引导和保护,帮助他们树立正确的消费观念和价值观。平台应出台更加严格的市场规范,限制小卡价格的过度溢价行为,维护市场的公平竞争秩序。同时,家长和学校也应加强对青少年的教育引导工作,培养他们理性追星、健康消费的良好习惯。此外,粉丝社区也应加强自律管理,共同营造一个健康、理性的追星文化氛围。

总之,小卡文化作为青少年追星文化的重要组成部分,既有其积极正面的意义和价值所在,也存在不容忽视的潜在风险和挑战。只有通过全社会的共同努力和协作配合,才能确保这一文化现象能够在健康、有序的环境中持续发展壮大,为青少年的健康成长提供更加坚实的保障和支持。

【案例分析】

文章所呈现的明星小卡片在未成年群体中泛滥的现象反映了粉丝经济为社会带来的不良影响。青少年对于卡片的消费,本质上是追求一种承载着偶像崇拜的文化符号及其所带来的身份认同。这种现象在任何群体中都普遍存在,但不同于成年人为满足自身精神需求和出于纯粹经济利益的玩乐之举,青少年在三观塑造的关键时期一旦受到粉丝经济和饭圈文化的负面影响,极容易出现价值偏差,将"追星"当作生活的全部而不是作为生活的消遣。

围绕偶像衍生出来的粉丝文化在一定程度上弱化了思想政治教育的现实功效。粉丝是在资本主义文化工业的生产消费链下不断被生产出来的独特文化群体。西方大众文化研究学者约翰·费斯克认为粉丝文化是对大众文化的强化,是与官方文化相对立的影子文化,它对官方文化的某些价值和特征进行借鉴、改造。作为宣传主流意识形态和传播官方话语的思想政治教育,它以立德树人为根本任务,旨在培育担当民族复兴大任的时代新人。当前,在商业资本和偶像工厂推波助澜下发展起来的粉丝文化常常打着爱国、宣扬红色文化的旗号,以综艺节目、文娱周边等形式组织各类流量明星到红色遗址、文化教育基地开展活动或制作相关周边产品,以带动地方经济发展为名获得了社会的支持,从而达成其收割流量的根本目的。这些娱乐性和逐利性极强的文化产品对思想政治教育者宣扬的主流文化和社会主义核心价值观产生了极大的溢出效应,在一定程度上弱化了思想政治教育的育人功能与实效。尤其是青少年群体可用于娱乐休闲的时间本就相对较少,这些偶像工业产品通过精妙设计抓住了青少年从众、好奇、易上头的心理,挤占了原本可供思想政治教育发挥全过程育人的时间和空间,并且将青少年的注意力从先进人物事迹和时政热点转移到了极具煽动性且吸引眼球的花边新闻和偶像动态中,这些不良内容不仅无助于青少年的身心健康成长,而且极容易使他们沉溺其中而沦为资本的收割对象。青少年是祖国的未来、民族的希望,正处在人生的"拔节孕穗期",最需要正确引导和栽培,而思想政治教育则起到了正确引导青年思想建设的重要作用,面对当下各种不良社会思潮和亚文化发展态势,思想政治教育者需要将青少年的注意力聚拢到符合社会主义核心价值观的人、事、物上,以积极向上的精神文化产品充实青少年的精神生活,引导青少年对各种亚文化和娱乐产品采取适度娱乐、理性消费的态度。

从网络空间话语权视角来看,粉丝文化在网络空间的泛滥正是占据了原本应由思想政治教育发挥功用的空间,这种话语权的缺失不仅在文章所谈及的明星卡片事例中有所体现,而且在青年群体中更有影响力和传播力的微博热搜、抖音热榜等网络媒体中更加明显。无论是参照这些网络媒体的点击量,还是根据网络媒体的讨论热度,明星网红的热度和关注度都高于肩负思政育人功能的主流媒体及其相关话题热度。此种现象直接指向网络空间话语权正在被资本一步步侵蚀、蚕食,思想政治教育及其背后的主流意识形态在网络空间中出现了失踪、失语、失声的问题。青少年群体自出生便接触到了互联网,网络空间在他们的成长历程中具有重要意义,网络媒体在成为青少年获取和传递信息、开展交流互动渠道的同时,也成了思想政治教育者向青年人开展思想理论教育的重要途径。在此背景下,思想政治教育者不仅要在学校内、课堂上和书本中做好本职工作,更要积极探索网络育人体系建设,推动思想政治教育传统优势与信息技术相结合,创作网络文化产品,传播主旋律、弘扬正能量,有效抵御诸如消费主义、粉丝文化、拜金主义等不良社会思潮对青少年群体的影响,引导广大未成年人树立正确的价值观念,维护主流意识形态在网络空间的话语权,营造安定和谐、积极向上的网络环境。

【案例讨论】

1. 你"追星"吗?
2. 你认为粉丝文化和主流文化存在冲突吗?
3. 你认为粉丝文化、饭圈文化的泛滥会对青年人的思想观念产生什么影响?
4. 你认为自己在初高中阶段所接受的思想政治教育对于你的价值观塑造有什么影响?

【案例知识点】

1. 粉丝文化
2. 亚文化
3. 网络育人体系建设
4. 思想政治教育话语权
5. "大思政课"建设

【教学建议】

1. 本案例可用于"当代社会思潮""大中小学思政课一体化"教学，在解读和剖析粉丝文化、饭圈文化、消费主义等社会思潮的本质及其传播机制的基础上，探讨相关事件引起高度关注的原因与影响，为改进思想政治教育传播方式提供参考。

2. 在讲述案例后，教师可围绕案例中所提出的问题引导学生加以讨论，可采取"头脑风暴""小组研讨会"等形式让学生就当前青年群体中盛行的各种"潮流"进行自我剖析和检视。结合学生对粉丝文化、饭圈文化的看法，进行相互交流或辩论，旨在一方面增强学生对各种社会思潮的理性认知与判断，另一方面使学生在与同学的分享中进行自我反思与审视，增强对各种错误思想的批判能力。

【相关教学资源】

1. ［美］约翰·费斯克：《理解大众文化》，王晓珏、宋伟杰译，中央编译出版社2001年版。

2. 蔡竺言、刘楚君：《从"追星族"到"饭圈"：中国粉丝研究的核心概念与框架变迁》，载于《新闻记者》2022年第4期。

3. 张世超、胡岑岑：《粉丝、平台、资本与国家：多元互动视角下的饭圈反黑及其治理》，载于《学习与实践》2021年第7期。

4. 晏青、侯涵博：《作为症候的粉丝文化：社会融入的价值逻辑与可能路径》，载于《福建师范大学学报（哲学社会科学版）》2021年第3期。

5. 陈新民、雷晨琅：《数字劳动与自我建构：粉丝参与的二重性》，载于《新闻与写作》2021年第3期。

6. 陆新蕾、虞雯：《虚拟偶像粉丝群体的消费文化研究——以虚拟歌姬洛天依为例》，载于《当代传播》2020年第6期。

7. 李龙、刘汉能：《舆论爱国：爱国粉丝社群的社交化与集体协同》，载于《中国青年研究》2020年第4期。

8. 胡岑岑：《从"追星族"到"饭圈"——我国粉丝组织的"变"与"不变"》，载于《中国青年研究》2020年第2期。

（本案例由吴凯、殷登恒完成）

【案例概述 7-4】

"黑粉们,这是你们想要的结果吗?"*

在网络环境中,言论的自由与责任是相互依存、不可分割的。当误解、批判与辱骂如潮水般席卷而来,个体如何在其中自证清白,已成为一个亟待解决的难题。我们不得不深思:那些肆意妄为、缺乏责任感的"黑粉",他们的言辞是否真的能够达到他们所期望的效果?

刘学州的悲剧性离世,无疑给我们敲响了警钟。其遗言中,对人生不幸的控诉与对网络暴力的无奈,深深触动了每一个有良知的人。从养父母的离世,到孤立无援、霸凌与猥亵的遭遇,再到寻找亲生父母过程中的拉黑、网络暴力与造谣中伤,他的一生似乎都被阴霾所笼罩。然而,即便在如此绝望的境地,他依然未能逃脱那些无情键盘侠的谩骂与羞辱。这不禁让我们反思:网络暴力,究竟何时能得以遏制?

审视近年来的网络生态,我们不难发现,互联网的便捷性与隐私的丧失之间存在着密切的联系。在公众的审视之下,每个人的言行举止都可能成为他人评判的对象。从妆容分享到亲子日常,从生活琐事到观点阐述,每一次的发声都可能成为网络暴力的导火索。而这些网络暴力的施暴者,往往秉持着"只要我发声,我就可以随意评判"的扭曲观念,将人性的阴暗面暴露无遗。

---

* 资料来源:《关注"网暴自杀"| 起底近年来网暴致死案幕后黑手》,载于搜狐网,https://roll.sohu.com/a/644050570_120388781,2023-02-21。

然而，面对这样的网络环境，我们不能袖手旁观。我们由衷地敬佩那些敢于发声、勇于表达的人，他们为我们树立了榜样。作为普通网民，我们也应坚守自己的底线与原则。我们应认识到事情并非非黑即白，每个人都有自己的立场与选择，我们应尊重这种多样性。在面对超出自己认知范围的事情时，我们应保持谨慎与沉默，避免盲目发表意见。只要不侵犯他人的权益，我们就没有理由干涉他人的生活。

在这个信息爆炸的时代，我们每个人都有可能成为网络暴力的受害者或施暴者。我们应时刻保持清醒的头脑，以理性和善良的态度对待每一个网络声音，关注那些因网络暴力而受到伤害的人，给予他们必要的关爱与支持。

【案例分析】

这篇文章讲述了一个年幼走失少年找回父母，与父母团圆后却被父母拉黑，最终在网络暴力的重负下选择结束自己年轻生命的悲剧。虽然刘学州选择自杀有其年幼惨淡的生活经历、现实的生活压力以及与亲生父母情感淡漠的多重原因，但是长期的网络暴力却成为压倒这个年轻男孩的最后一根稻草。由此可见，人言可畏这个成语在互联网社会得到了更为具体的表现，人们既可以操纵流言成为网络暴力的施害者，又可以被流言反噬成为网络暴力的受害者。这篇案例虽然属于传播学内容，但其中蕴含了思想政治教育网络载体、思想政治教育目的等内容，值得思想政治教育者深入思考。我们要找到思想政治教育参与治理网络暴力的痛点、难点所在，以提高思想政治教育实效。

第一，法不责众价值观下的仇恨言语是思想政治教育参与治理网络暴力的痛点。在法不责众价值观的影响之下，人们打着正义的名义站在道德制高点，在事实不清、真相不明的情况下，肆意侮辱他人，散布仇恨言语。我国公民具有言论自由的权利，但这并不意味着公民可以肆意发布不当言论，网络空间并非法外之地。然而，由于缺少必要的干预手段和惩罚机制，网络暴力逐渐成为互联网公害之一。网络暴力发生时，无论是互联网平台还是官方自媒体账号，都没有及时进行干预或者舆论引导，从而使仇恨言语铺天盖地般在网络空间蔓延。网络暴力事件之后，互联网平台和各类自媒体账号也没有采取强有力的惩戒手段对施加网络暴力的人们进行惩戒，即使部分网民对刘学州自杀表达了哀悼之情和对网络暴力进行了反思，但此举所产生的效果并不足以弥合网络暴力造成的负面影响。也就是说，缺少外部力量的介入而单纯依靠部分网友的理性反思内省，远远不能杜绝网络暴力行为的发生。在这种法不责众的价值观影响下，每个人都可以肆无忌惮地发泄情绪，随意散布仇恨言语中伤他人，削弱了思想政治教育的话语权，影响了网络空间正能量的传播，导致网络生态乌烟瘴气，势必会严重阻碍思想政治教育的网络治理效能，缺乏必要的惩戒手段，也成为思想政治教育治理网络暴力的痛点。

第二，流量至上价值观下的流言蜚语是思想政治教育参与治理网络暴力的难点。网络平台依靠流量为生，而流量又是把"双刃剑"，它催生了数字经济、平台经济的快速发展，只要获得点击量就能将其转化为收益，但是若不能够对流量进行有效的规范与监管，它就有可能为了单方面追求高收益而罔顾事实与真相，成为人们非理性参与网络交往的牟利工具，甚至可能会在巨大流量曝光之下使话题参与者遭受网友的口诛笔伐而产生网络暴力。在流量的利益诱惑下，个别自媒体为了热度与流量，发布不实传闻甚至截取话语片段，歪曲事实以引起人们的争议，人们把这些账号称为营销号。案例中刘学州所遭受的网络暴力离不开营销号的推波助澜。近年来，网络空间治理力度得到加强，微博平台对具有一定数量粉丝的账号进行实名认证以及所属地域公开，这在一定程度上有效遏制了网络空间恶意诋毁、造谣攻击、"开盒挂人"、"对骂互撕"等行为，使网络戾气得到一定程度的清除，为构建清朗网络空间奠定了基础。但是，只要流量变现的底层逻辑不变，为了热度而丧失底线的营销号就永远不会消失。这些营销号、黑粉不断迷惑信息甄别能力差的受众，甚至别有用心者还煽动网友质疑党的政策、抹黑政府形象。营销号散布谣言、打造"流言盛宴"，被洗脑的网友深陷其中不能自拔，一时间流言漫天飞舞，被流言中伤的人们痛苦不堪，极端者就走向了刘学州这样的悲惨结局。尽管刘学州过世后，人们对网络暴力进行了反思，但是这样的悲剧仍见诸报端，亟须人们对此进行深刻反思。

第三，健全网络治理机制、明确平台责任、培养文明意识是思想政治教育参与治理网络暴力的可行之策。其一，加强建设网络暴力、仇恨言语的识别、拦截、惩戒机制，遏制不良言论在网络空间的传播；要抓散布仇恨言语、恶性中伤他人的典型，依法依规严肃处理。其二，进一步加强平台对于网络舆论的干预责任，平台对于互联网信息来源应负有核实以及标注责任，建立健全良性的流量激励与惩戒机制，对于传播正能量的账号给予流量奖励，对于恶意传播不实信息、任意捏造篡改事实的营销号进行流量消除或封杀账号。其三，引导人们培养文明的上网意识，提高人们在凌乱信息中的甄别、判断、获取能力，规范上网行为，加强对互联网法律法规的认识与学习。

网络平台已经成为大多数人的社交平台，人们在数字平台发表观点、交互信息。尽管网络空间是虚拟空间，但虚拟是现实的延伸，基于网络空间的无限性，网络空间的暴力行为更具有持久性和破坏性。思想政治教育者应注重对网上与网下的思想引领与舆论引导，与其他社会力量协同破解网络暴力这一公害，营造风清气正的网络空间，让刘学州这样的悲剧不再发生。

【案例讨论】

1. 你遭受过网络暴力吗？你怎样认识网络暴力？
2. 你认为思想政治教育者应该怎么破解网络暴力这一难题？
3. 你认为应当如何增强思想政治教育参与网络治理的有效性？

【案例知识点】

1. 网络暴力
2. 思想政治教育治理

3. 思想政治教育载体

【教学建议】

本案例可以用于"思想政治教育载体"的教学，在学习传统的思想政治教育载体之后，可以结合互联网技术与数字时代背景，探讨思想政治教育在转型过程可能遇到的各类难题。

【相关教学资源】

1. 张冬瑜、卢俊宇、闫昶荣、林鸿飞：《网络暴力言论检测的技术和实践》，载于《语言战略研究》2024 年第 1 期。

2. 邵登辉：《群体性网络暴力治理——以网络平台风险预防义务为视角》，载于《中南民族大学学报（人文社会科学版）》2023 年第 7 期。

3. 王俊秀、云庆：《条件与机制：网络暴力的社会心态透视》，载于《探索与争鸣》2023 年第 7 期。

4. 严丹：《智媒时代网络暴力主义话语的生成机理与治理策略》，载于《内蒙古社会科学》2023 年第 4 期。

5. 石佳友：《网络暴力治理中的平台责任》，载于《法律科学（西北政法大学学报）》2023 年第 6 期。

6. 王静：《数字公民伦理：网络暴力治理的新路径》，载于《华东政法大学学报》2022 年第 4 期。

7. 梁思思、曹东勃：《"社会性死亡"：青年网络暴力新趋势及治理路径》，载于《社会科学战线》2022 年第 4 期。

8. 向承才、王彬彬：《网络暴力：言论自由下的新隐忧》，载于《传媒论坛》2022 年第 3 期。

9. 陈希、邓淑华：《网络思想政治教育话语的困境及其优化》，载于

《学校党建与思想教育》2021 年第 20 期。

10. 李礼：《网络暴力的道德批判与规制》，载于《晋阳学刊》2020 年第 6 期。

11. 林爱珺：《网络暴力的伦理追问与秩序重建》，载于《暨南学报（哲学社会科学版）》2017 年第 4 期。

（**本案例由吴凯、陈鑫玉完成**）

【案例概述 7-5】

高铁化妆是不文明行为？*

中国铁路在社交媒体平台上发布了一则旨在倡导文明出行的宣传片，其内容聚焦于一位美妆博主在高速铁路列车内化妆时的不当行为，随即引发了社会各界的广泛关注与深入讨论。该视频具体展示了博主在化妆过程中，不慎将保湿乳液（实为用作道具的防晒霜）溅落至邻座乘客手臂，以及在使用粉饼时产生的飞粉现象，严重影响到周围乘客的乘车体验。视频中配文"如果能替他人考虑，你会更美丽"，旨在强化乘客的公共意识，倡导尊重他人、维护公共环境卫生的文明出行理念。

此视频作为《文明出行》系列节目的第五集，题为《"美妆博主"的美丽出行》，于7月6日正式上线。然而，鉴于部分网民对于视频素材的选择与拍摄手法的质疑，该视频随后被平台撤下。

对于这则宣传片的发布，网络舆论呈现出多元化的态度。部分网民认为，在高铁上化妆本身并不构成不文明行为，但应确保不对其他乘客造成干扰；而另一部分网民则质疑为何将女性化妆行为作为不文明行为的典型案例，认为诸如脱鞋、大声喧哗等行为更应受到关注。此外，还有网民指出视频中涉及的化妆品价格偏高，进而推测博主的行为存在夸大之嫌。

---

* 资料来源：《高铁化妆是不文明行为？网友吵翻了》，载于光明网，https://m.gmw.cn/2023-09/14/content_1303514180.htm，2023-09-14。

针对网民的种种质疑与讨论，《人民铁道》报业有限公司影视中心的相关负责人表示，该宣传片的制作初衷并非禁止乘客在高铁上化妆，而是希望借此契机，引导广大乘客在出行过程中自觉遵守公共秩序，共同营造文明、和谐的乘车环境。同时，他们也承认视频中的某些细节处理可能不够周全，导致部分观众产生了误解，并表示将在未来的节目制作中吸取教训，更加注重细节的把控与观众感受的考虑。中国铁路客服热线12306在回应媒体询问时亦明确指出，目前并无相关规定将高铁上化妆列为不文明行为，乘客在不影响他人且确保个人安全的前提下，享有在列车上化妆的自由。

此次事件不仅引发了公众对于高铁文明出行的深刻反思与热烈讨论，也促使相关部门在制作与发布宣传内容时更加审慎、细致，以避免因表述不当或细节疏忽而引发不必要的争议与误解。

【案例分析】

这篇新闻主要报道了由中国铁路发布的一条高铁文明行为宣传视频，该视频将高铁上化妆的行为列为不文明现象，从而引发了网友热烈讨论。

载体是思想政治教育实践活动不可缺少的重要因素。离开载体，思想政治教育活动将无法开展。某种载体要成为思想政治教育实践活动的依托，离不开载体的可控性，即它能够被思想政治教育者所掌握。网络载体作为一种传播媒介，是人扩大和延伸信息交换能力的工具和手段，这就意味着它必须能够被思想政治教育者所掌握，如此才能有效发挥它的思想政治教育功能。国家对各类传播媒体的有效管理，是牢牢掌握意识形态主导权、维护国家安全与社会稳定的重要保证。

在舆情出现前，思想政治教育者应提高对网络载体的运用能力，避免由于工作失误而导致舆情的发生。由官方主导的中国铁路社交平台本来是能够发挥思想政治教育的舆论引导功能，但由于工作人员在拍摄视频时没有做到从实际出发，用过于夸张的宣传手法，对高铁上化妆的女性进行夸张性演绎，如将女演员用力地将乳液、散粉甩在邻座乘客脸上，这种刻意描述手法引起了广大女性的不满，加之社会上存在的性别话题从而引发了更为严重的舆情危机。思想政治教育者在运用大众媒体、短视频、公众号传达某种社会信息时，要充分评估作为官方的宣传平台的社会影响力，坚持对传导信息进行全面、客观、谨慎的调查研究，最大程度彰显官方宣传平台的社会影响力。

在舆情爆发时，思想政治教育者应正确处理网络舆论，防止网络舆情扩大化。自中国铁路社交平台发布此视频后就引起了网络热议，但是中国铁路部门却没有及时回应，而是采取冷处理的方式任由发酵。在短短几天内，网友对此事件从最开始讨论高铁上化妆是否属于不文明行为，直接发展到了对社会上男女问题的非理性讨论，出现了男女对立的次生舆情。有不少网友认为中国铁路有"敌对势力"的渗入，甚至故意制造政府与企业之间话题以吸引流量和眼球，继而抹黑政府与企业的正面形象。一时间，网络空间群魔乱舞，乌烟瘴气。在舆论压力下，相关人员道歉，但广大网友并不认可其道歉内容，认为不具有诚意，认为中国铁路部门具有强烈的厌女情绪，强烈要求有关部门进行追责。显而易见，中国铁路部门对此次事件的处理可以说是一个典型的思想政治教育失败案例。思想政治教育者在事件爆发时，应该具有敏锐的洞察力和判断力，应积极介入舆情中心，主动引导舆论，牢牢把握话语权，扭转负面舆论倾向，并敢于对出界言论予以正面出击，防止不良网络舆论肆意蔓延，坚决维护网络空间意识形态安全。

在舆情平息后，思想政治教育者应及时总结经验，提升自身能力以适应新的舆论工作要求。大众传媒的出现，极大提高了人们的社会参与能力，人们可以随时随地发表自己对公共事务的看法和建议。这种跨时空、跨地域、匿名性的政治参与给官方舆论话语权带来了不小的挑战，也给思想政治教育者带来新的舆论应对难题。在这样的条件下，思想政治教育者如何提高其对网络载体的利用能力，使之成为宣传主流意识形态的重要阵地，提高思想政治教育的有效性，就成为思想政治教育创新发展的现实任务。首先，思想政治教育者要坚定政治立场，提升政治敏锐度。如中国铁路的宣传平台，代表了国家和企业的门面，思想政治教育者在做好宣传工作时应保持清醒的头脑，提高自身政治敏锐度和政治责任感，准确把握人民群众在思想意识领域的现实需求，当面对影响社会大局稳定的苗头性、倾向性问题时，思想政治教育者要及时发现、科学分析、正确处理。其次，在知识和信息获取通道被极大开发的情况下，思想政治教育者的知识权威性受到了挑战。思想政治教育者不仅需要全面提高科学文化素养以面对这种对自身知识权威性的挑战，也要深入群众，向群众学习，接受群众对自己的善意批评。最后，思想政治教育者要掌握科学的信息收集与分析方法，提高自身处理信息的能力。互联网时代是信息大爆炸的时代，我们要重视并及时处理热点事件背后隐藏的苗头性、倾向性信息，准确把握舆论分布情况，在掌握大量信息的基础上，做到具体问题具体分析，思想政治教育者要对持积极健康态度的民众予以肯定和鼓励，善于培养他们正向的思维习惯。此外，思想政治教育者对消极舆情不能采取封堵策略，要采取精确分类的措施，明确哪一年龄阶段、哪一身份地位的群体负面情绪最为强烈，深入挖掘诱因，及时为群众解答思想困惑，解决现实困难，尽可能消解和安抚民众的负面情绪。

思想政治教育者要主动增强开放性思维，统筹网上网下，形成思想政治教育合力。开放性思维是指突破传统思维定式和狭隘眼界，多视角、全方位看问题的思维方式。开放性是互联网的基本属性，人的网络实践活动促进了开放性思维的发展。开放性思维有利于思想政治教育者正确对待思想文化的多样性和差异性，使思想政治教育内容在主导与多元中不断得以拓展。思想政治教育者要把握现实世界和虚拟世界的关系，完善思想政治教育网络传播机制，构建思想政治教育网络空间引导机制、协调机制、激励机制、保障机制；善用网上网下思想政治教育资源，将优秀传统文化融入网络思想政治教育过程之中，传播社会主义先进文化，构建文明的网络生态。

习近平总书记深刻指出，要把网上舆论工作作为宣传思想工作的重中之重来抓。① 让网络空间正能量更强劲，主旋律更高昂，思想政治教育者要深刻认识和充分把握网络信息的发展大势，在舆情发生的前中后期主动介入、积极引导，牢牢占据网络意识形态的主阵地，建设网络强国。

【案例讨论】

1. 对于高铁上化妆的行为，你持何种态度？
2. 在此事件引发的舆论过程中，人们存在什么心理，对人们的思想行为有哪些影响？
3. 传播学与思想政治教育之间存在何种联系？
4. 网络舆情对思想政治教育具有哪些影响？

【案例知识点】

1. 网络传播
2. 思想政治教育价值观
3. 网络思想政治教育

【教学建议】

本案例可以用于"思想政治教育载体""网络思想政治教育"的教学。从现实生活中入手，让同学们讨论网络热点现象，引导同学们思考自己作为思想政治教育工作者应该怎么运用网络载体进行思想政治教育，怎么处理好网络舆情，提高思想政治教育的有效性。

---

① 王献福．把网上舆论工作作为宣传思想工作的重中之重，载于人民网—理论频道，http://theory.people.com.cn/n/2013/1031/c40537-23387807.html，2013-10-31。

【相关教学资源】

1. 袁婷婷、王岩：《习近平关于网络空间主流思想舆论工作的重要论述探析》，载于《现代传播（中国传媒大学学报）》2023 年第 8 期。

2. 韩世宏：《如何做好热点社会事件的网络舆论引导》，载于《新闻爱好者》2023 年第 8 期。

3. 马得勇、黄敏璇：《网络舆论中的态度极化与虚假共识》，载于《国际新闻界》2023 年第 7 期。

4. 汪永安：《网络舆论场"流量至上"的生成逻辑与矫治策略》，载于《探索》2023 年第 5 期。

5. 丁柏铨：《网络舆论舆情引导刍议——关于引导策略的研究》，载于《西北师范大学学报（社会科学版）》2023 年第 3 期。

6. 张爱军、曹慧雅：《生成、冲突与引导：抖音短视频政治传播下的网络舆论》，载于《江苏大学学报（社会科学版）》2022 年第 5 期。

7. 陈伟军：《新闻舆论工作中的价值观引导理路》，载于《学术界》2019 年第 7 期。

（本案例由吴凯、陈鑫玉、郭晓玲完成）

致　　谢

本书由吴凯副教授策划，并参与第四、五、六、七编的内容撰写和修改工作，陈国辉博士参与第一、二、三编的内容撰写和修改工作。李帮燕、王小叶、王琴、焦娇、陈鑫玉、丁霞、石丹丹、吴姝婧、吴霞、郭晓玲、殷登恒、杨云芬、常群、韩绪、李婷婷、李雪、彭清颖、朱云调等参与了案例收集或文稿编写工作，郭晓玲、吴杨梅参与了本书的校对工作，在此一并致谢！吴凯副教授、陈国辉博士做最终审稿与校对工作。全书由吴凯副教授统稿完成。

由于编著者视野、能力、水平有限，书中内容难免疏漏、失误，不妥之处敬请读者批评指正。希望读者在阅读过程中提出宝贵意见和建议，您的反馈对我们非常重要，这将会帮助我们不断改进和完善这本教程，并为以后的教学实践提供更有价值的参考。

本书案例的参考资料源自互联网，我们在每一个案例后面都标注了资料来源，在此向参考资料作者表示感谢。同时，我们对经济科学出版社朱明静副编审表示诚挚的谢意，没有朱老师的辛苦付出和专业的编辑加工能力，本书也不能很快付梓出版。

本书得到贵州大学马克思主义学院思政类课程建设实践专项经费资助，在此表示感谢！

编著者
2024 年 7 月